WOLFGANG DISTEL · WOLFGANG WELLMANN

Die Praxis des Reiki

Buch

In der Regel schließt sich an eine Reiki-Einweihung eine Phase der Reinigung und Läuterung an. Auf diese Weise wird die durch die Einweihung aktivierte Energie stabilisiert und zentriert.
Dieses Buch dient als praktische Orientierungshilfe für diese Zeit der Neuausrichtung.

Autoren

Wolfgang Distel hat in der Wirtschaft Karriere gemacht und nebenbei verschiedene Therapieformen erlernt. Er arbeitet heute als Unternehmensberater und Reiki-Lehrer.
Wolfgang Wellmann hat verschiedene Berufe und Lebensformen erprobt und ist nach zahlreichen längeren Asienreisen nun in Deutschland u. a. als Reiki-Lehrer tätig.

Bei Goldmann sind bereits erschienen:
Das Herz des Reiki (13823)
Der Geist des Reiki (13845)

Die in diesem Buch vorgeschlagenen Übungsprogramme sind nicht die einzig möglichen oder gar einzig richtigen. Sie wurden nach bestem Wissen und Gewissen zusammengestellt und haben sich in der hier vorgestellten Form besonders bewährt.
Die Autoren und der Verlag übernehmen allerdings keine Haftung für eventuelle Schäden im Zusammenhang mit der Durchführung dieser Übungsprogramme.

WOLFGANG DISTEL
WOLFGANG WELLMANN

Die Praxis des Reiki

DAI KOMIO

GOLDMANN

Originalausgabe

Für Martina und Marie-Theres

Umwelthinweis:
Alle bedruckten Materialien dieses Taschenbuchs
sind chlorfrei und umweltschonend.

Der Goldmann Verlag
ist ein Unternehmen der Verlagsgruppe Bertelsmann

Originalausgabe März 1997

Umschlaggestaltung: Design Team München
Umschlagkalligraphie: Klaus Lehmann
Satz: All-Star-Type Hilse, München
Druck: Presse-Druck Augsburg
Verlagsnummer: 13942
Lektorat: Olivia Baerend
Redaktion: Grietje Bergmeyer
Herstellung: Martin Strohkendl
Made in Germany
ISBN 3-442-13942-2

1 3 5 7 9 10 8 6 4 2

Inhalt

Vorwort

Reiki ist – wie viele andere esoterische Systeme und spirituelle Richtungen – vor allem eine Schule für inneres Wachstum.

Die ***Praxis des Reiki*** wendet sich vor allem an die Menschen, die eine Einweihung in einen Reiki-Grad erhalten haben und Rat und Hilfe für ihre ersten Schritte suchen. Sie wendet sich auch an all jene, deren erste Erfahrungen mit Reiki bereits etwas zurückliegen und die wieder in einen neuen Wachstumsprozeß einsteigen wollen. Für jeden Tag werden Übungen empfohlen, die aufeinander aufbauen und sich gegenseitig sinnvoll ergänzen. Sie ebnen der heilenden und wachstumsfördernden Kraft des Reiki den Weg. Die auf die Einweihungen folgenden einundzwanzig Tage der *inneren Reinigung* dienen dabei als zeitlicher Orientierungsrahmen, das System der sieben Hauptchakras als thematisch-energetische Richtschnur.

Die Gesunderhaltung und Heilung des Körpers ist nur *ein* Aspekt der Arbeit mit der Universellen Lebensenergie, eher eine Folge der Heilung anderer Ebenen menschlichen Seins als direktes Resultat des Auflegens der Hände. Die anderen Aspekte oder auch *Wirkungen* des Reiki erschließen sich erst durch die Praxis, als innere und äußere Erfahrungen und Einsichten, die im Verlauf des *Reiki-Prozesses* gewonnen werden können.

Reiki unterscheidet sich von anderen (Heilungs-)Methoden vor allem in vier Punkten: Es ist *direkt erfahrbar* – die Wirkung der Universellen Lebensenergie ist vollkommen unabhängig davon, ob man an sie glaubt oder nicht. Es ist *einfach zu erlernen* – durch »Energieübertragung« vom Lehrer zum Schüler. Es ist *einfach anzuwenden* – durch Auflegen der Hände. Und der Reiki-Behandler (oder auch Reiki-Kanal) ist nur Vermittler der Reiki-Kraft; er sendet nicht seine eigene, sondern kanalisiert *kosmische Universalenergie*.

Solche Qualitäten machen Reiki ganz besonders dafür geeignet, innere Wachstumsprozesse zu unterstützen und zu fördern. Wir haben es selbst in der Hand, wie wir dieses Geschenk nutzen wollen. Dieses Buch will dir auf deinem Weg eine kleine Hilfestellung geben. Wer sich aus vollem Herzen auf diese Übungen einläßt, kann innere *Entwicklungen* erleben, die zu mehr *Bewußtheit, innerer Freiheit* und *Lebensglück* führen.

Die Universelle Lebensenergie selbst intensiviert alle vorgeschlagenen Übungen und Techniken und hilft darüber hinaus, unsere Erlebnisse in das tägliche Leben zu integrieren.

Wir wünschen dir auf deinem Weg viel Kraft, Liebe und Glück.

Wolfgang Distel
Wolfgang Wellmann

Einführung

Reiki ist Universelle Lebensenergie. Diese Lebensenergie steht uns immer und überall zur Verfügung, besonders wenn wir von einem Reiki-Lehrer oder einer Reiki-Lehrerin eingeweiht wurden.

Jahrzehntelange Erfahrungen zeigen, daß sich in aller Regel nach der Einweihung in einen Reiki-Grad eine einundzwanzigtägige Phase der inneren Reinigung anschließt. Um diese Reinigungs- und Stabilisierungsphase zu fördern und die Reiki-Kraft wirklich in das persönliche Leben und Erleben zu integrieren, wird den Schülern und Schülerinnen empfohlen, sich zumindest während dieser Zeit täglich eine Ganzbehandlung zu gönnen.

Selbstverständlich sollte der Reiki-Lehrer gerade während dieses Prozesses seinen Schülern zur Verfügung stehen und dieses während der Seminare auch anbieten. Der wesentliche Lernschritt, die wohl wichtigste Erfahrung nach der Einweihung besteht aber gerade darin, auf sich selbst und auf die Reiki-Kraft vertrauen zu lernen. Hilfe vom Reiki-Lehrer oder auch von anderen Menschen sollte deshalb nur dann erbeten werden, wenn es unumgänglich ist.

Die hier vorgestellten Programme für den 1. und 2. Reiki-Grad haben auf der *mentalen* Ebene den Zweck, Eigenverantwortung und Selbstvertrauen zu erlernen. Darüber hinaus können wir erfahren, daß wir nicht allein stehen, denn die Reiki-Kraft ist jederzeit verfügbar.

Auch wenn sich das erste Reiki-Übungsprogramm in erster Linie an den Reiki-Neuling richtet, kann es doch mit großem Gewinn auch von schon Erfahreneren durchgeführt werden. Jeder Tag ist neu, und jede Erfahrung ist anders.

Da es sich bei diesem Buch in erster Linie um ein Buch für die Praxisbegleitung handelt, empfehlen wir, jeweils nur so weit zu lesen, wie notwendig ist, um die entsprechenden Übungen ausführen zu können. Der anschließende Textteil kann jederzeit gelesen werden, da er sich nicht direkt auf die Programme bezieht.

Bevor wir nun mit den eigentlichen Programmen beginnen, wollen wir im folgenden Kapitel noch auf einige wesentliche Vorbedingungen eingehen. Es ist sehr empfehlenswert, sich intensiv mit den dort angebotenen Schlüsseln zu beschäftigen, weil diese Schlüssel für den Erfolg der Programme in hohem Maße förderlich sind.

Einige Schlüssel zur Arbeit mit den Programmen

Dieses Kapitel ist vielleicht das wichtigste dieses Buches, denn hier findest du Schlüssel, die dir Türen zu einem erfüllteren, reicheren Leben öffnen können. Ohne diese Schlüssel bleiben die Übungsprogramme – und damit meinen wir nicht nur die hier vorgeschlagenen, sondern alle Programme und Übungen überhaupt – *für dich* ohne Wirkung.

Du willst, daß sich in deinem Leben, in deiner Welt etwas ändert. Du sehnst dich nach mehr Qualität in deinem Leben. Du willst etwas verändern. Deshalb liest du auch dieses Buch. Daß es *jetzt* seinen Weg zu dir gefunden hat, zeigt, daß es dir in deiner augenblicklichen Lebenssitution helfen kann. Und daß gerade *dieses* Buch in dein Leben tritt, zeigt, daß dich gerade die hier vorgeschlagenen Übungen und Programme ein kleines Stück auf deinem Weg begleiten sollen. Es gibt keine Zufälle. Du hast, auf welche Weise auch immer, um Hilfe gebeten, und dieses Buch ist zu dir gekommen. Sei dir also bewußt, daß *du* der einzige Grund bist, warum dieses Buch in deiner Welt überhaupt existiert.

Dies ist ein Arbeitsbuch. Es verlangt deshalb etwas völlig anderes als die mehr oder weniger passive Aufnahme von Wissen und die Anhäufung von Fakten in deinem Kopf. Es fordert dich auf, mit Kopf, Herz und Bauch in einen Prozeß innerer Transformation hineinzugehen, ohne vorher genau zu wissen, was dich erwartet. Innere Freiheit, Klarheit, Offenheit, Erkenntnis, Ruhe, Glück – all das und vieles mehr kann Lohn deiner Arbeit sein. Aber wir können dir nichts versprechen –

außer, daß sich dein Leben und Erleben transformieren werden, wenn du dich wirklich auf diese Übungen einläßt.

Damit dir die Übungsanleitungen möglichst viel nützen, solltest du dich intensiv mit den folgenden Zusammenhängen auseinandersetzen, *bevor* du entscheidest, mit einem der Programme zu beginnen. Auch für Reiki-Schüler, die bereits in den 2. Reiki-Grad eingeweiht wurden, ist es durchaus sinnvoll, zunächst mit dem hier vorgeschlagenen Übungsprogramm für den 1. Reiki-Grad zu beginnen.

So paradox es dir auch erscheinen mag, *der erste Schlüssel zur Transformation ist es, sie nicht zu erwarten.* Wenn Veränderung dein Ziel ist, wenn du *willst*, daß sich deine Persönlichkeit in diese oder jene Richtung ändert, wird das geschehen oder auch nicht. Es ist aber unwahrscheinlich, daß die von dir *angestrebte* Veränderung mehr Glück, Freiheit oder sonst etwas für dich bewirken wird, denn gerade durch dein Wollen, deine Erwartungshaltungen, bist du nicht mehr offen für das, was wirklich *für dich* richtig ist.

Inneres Wachstum wirklich zuzulassen ist die schwierigste Arbeit überhaupt. Diese Arbeit beinhaltet, deinem Wesen, deinem inneren Sein Raum zu geben, es zuzulassen, seinen Ruf zu vernehmen und ihm vertrauensvoll folgen zu lernen. Der Weg ist nicht immer schön oder leicht, sondern oft anstrengend und mühsam – bis (vielleicht) das befreite Aufatmen, die plötzliche Erkenntnis kommt. Denn wir – unser schneller Verstand, unsere angelernten und angeborenen Gefühle und Verhaltensweisen – stehen uns bei jeder Art von Veränderungsarbeit grundsätzlich selbst im Wege. Allein die gerade gebrauchte Formulierung, »Wachstum zuzulassen«, führt uns schon auf eine falsche Fährte. Es geht doch nicht darum, etwas *zu*zulassen, sondern es ist gerade im Gegenteil unumgänglich, etwas *los*zulassen, damit Wachstum möglich wird.

Fast jeder Mensch glaubt von sich, daß er offen und erlebnisbereit ist. Aber wie steht es mit der wirklichen Bereitschaft, loszulassen, Veränderungen und Wachstum zu begrüßen und anzustreben?

Im Laufe der Arbeit mit diesen Programmen werden aller Erfahrung nach verschiedene Hemmnisse eintreten, die es dir schwierig erscheinen lassen, weiterzumachen. Wenn du zum Beispiel während der Durchführung deines Einundzwanzig-Tage-Programms die Lust verlierst, oder wenn du glaubst, deine Probleme hätten sich blitzartig gelöst, kannst du sicher sein, daß du dir selbst ein Schnippchen schlagen willst. Denn ein Teil von dir – oft das Ego genannt – wird sich gegen jede Veränderung, die mit dem Loslassen von alten Mustern, Gefühlen, Verhaltensweisen zu tun hat, mit allen Mitteln wehren. Beobachte das mit Humor und innerem Abstand!

Du hast nur eine Chance, wenn du etwas ändern willst: Du mußt dich entscheiden. Du mußt dich ganz bewußt *entscheiden*, einem selbstauferlegten Programm treu zu bleiben. Das ist der *zweite Schlüssel*. Um dein Durchhaltevermögen zu unterstützen, ist es sinnvoll, die getroffene Entscheidung jeden Tag aufs neue zu wiederholen. Vielleicht legst du dir einen Zettel ans Bett, auf dem die Frage steht: Werde ich heute mit meinem Programm fortfahren? Wenn dein Blick beim morgendlichen Aufstehen auf diese Frage fällt, wirst du unwillkürlich deine Entscheidung erneuern. Sollte deine Antwort *nein* lauten, lies bitte dieses Kapitel noch einmal.

Entscheiden bedeutet zu handeln. Wenn du dich also entscheidest, einem der vorgeschlagenen Programme zu folgen, beinhaltet das, täglich eine gewisse Zeit zu handeln – nämlich, die jeweilige Übung auszuführen, täglich eine gewisse Zeit mit dir und für dich zu verbringen.

Für den Prozeß der Entscheidungsfindung ist es wichtig, dir darüber klar zu werden, was du während der Zeit deiner

Hinwendung zu dir selbst nicht machen kannst. Auf was mußt du verzichten? Das kann ein Fernsehfilm sein oder bedeuten, eine Stunde später auf eine Party zu gehen, eine Stunde früher als sonst aufzustehen oder auch später ins Bett zu gehen. Gerade das, worauf du verzichtest, um dir Reiki zu geben, solltest du bei deiner täglichen Erneuerung der Entscheidung besonders beachten und ganz bewußt diesen »Verzicht« mit dir vereinbaren!

Die vorgeschlagenen Programme bilden jeweils eine Einheit, die mehr als die Summe der einzelnen Übungen ist. Der synergetische Effekt, die gegenseitige Ergänzung und Förderung der verschiedenen durch die Übungen und Fragen ausgelösten inneren Vorgänge, kann aber nur dann voll zum Tragen kommen, wenn du für eine gewisse Zeit kontinuierlich übst. Dein Unterbewußtsein wird durch die Übungen angeregt und arbeitet weiter mit den durch deine Übungen ausgelösten Vorgängen, ohne daß du dich bewußt darum kümmern mußt. Die *eigentliche* Entwicklung findet, so gesehen, gerade während der Zeit statt, wo du deinem normalen Leben nachgehst, arbeitest, mit deinen Kindern spielst oder dir im Kino einen Film ansiehst.

Werden die Abstände zwischen den Übungen aber zu groß, vermindern sich die synergetischen Wirkungen. *Täglich zu üben ist der dritte Schlüssel.* Wenn du, aus welchen Gründen auch immer, mehr als ein oder zwei Tage es nicht schaffst, dir Zeit für dich selbst zu nehmen, solltest du mit dem Programm noch einmal von vorn beginnen!

Es ist Zeitverschwendung, die vorgeschlagenen Übungen zu lesen und darüber zu diskutieren, ob sie gut oder schlecht, richtig oder falsch sind. Wer ein Urteil über die Übungen fällt, ohne sie richtig und vollständig auszuführen, beraubt sich selbst der Chance, die Früchte seiner Arbeit zu ernten. Offen und unvoreingenommen zu sein bedeutet, die Übungen einfach auszuprobieren. *Diese Haltung des Nicht-Urteilens ist der vierte Schlüssel.*

Die Haltung des Nicht-Urteilens gilt auch für alles, was dir während der Zeit der Übungen ins Bewußtsein steigt. Nimm es an, wie es ist, nimm es wahr, beobachte es, aber bewerte es nicht. Lehne nichts ab, gerate aber auch nicht ins Schwärmen, laß es einfach so, wie es ist. Vertraue darauf, daß wachsen wird, was für dich richtig ist, und daß verschwinden wird, was aus ganzheitlicher Sicht negativ ist. Wer kann schon von sich behaupten, daß er genau und in letzter Konsequenz weiß, was gut für ihn ist. Schlichtes *Vertrauen in die heilende Kraft der Universellen Lebensenergie ist der fünfte Schlüssel.*

Wenn du einem spirituellen Lehrer oder Meister besonders verbunden bist, bitte ihn um Hilfe bei deinem Vorhaben. Oder bitte alle Kräfte des Universums, deinem Vorhaben wohlgesonnen zu sein. Scheue dich nicht, deine Bitte laut auszusprechen. Und sei dir dabei dessen sicher: Das gesprochene Wort hat eine eigene Kraft. So bitte einfach, auch wenn du nicht richtig daran zu glauben vermagst. Eine solche Bitte bedeutet auch, sich die eigene Schwäche, die eigenen Grenzen einzugestehen. Die *Demut, die in einer solchen Bitte um Hilfe liegt, ist der sechste Schlüssel.*

Der siebte Schlüssel ist die Dankbarkeit. Dankbar zu sein bedeutet nicht unbedingt, daß wir jemand Bestimmtem, einer Person oder einem Objekt, danken. »Sei dankbar für die vielen Segnungen« lautet eine der überlieferten Reiki-Lebensweisheiten von Dr. Usui. Sei dankbar für die Tatsache, daß du überhaupt ein Reiki-Programm ausführen kannst. Sei dankbar dafür, daß du jemals mit Reiki in Berührung gekommen bist. Sei dankbar dafür, daß du körperlich, geistig und seelisch überhaupt in der Lage bist, diese Zeilen hier zu lesen. Sei einfach dankbar dafür, daß du all diese Chancen hast.

Für die Übungen brauchst du jeden Tag etwa eine Stunde, in der du nicht gestört werden solltest. In dieser Zeit kannst du nicht für andere Menschen dasein. Wer allein lebt, kann das sicher leichter einrichten als jemand, der zum Beispiel eine Familie mit Kindern hat. Wer nur ein paar Stunden am Tag arbeitet und relativ viel freie Zeit hat, muß sich nicht dauernd gegen den Zeit- und Leistungsdruck behaupten, dem sich Menschen mit einer Vierzig- oder Sechzig-Stunden-Woche aussetzen. Wenn du dich, aus welchen Gründen auch immer, einem solchen inneren oder äußeren Leistungs- oder gar Rechtfertigungsdruck ausgesetzt siehst, mache dir immer wieder klar, daß die Zeit, die du für dich aufwendest, auch allen anderen zugute kommt. Denn dein inneres Erleben erschafft deine äußere Wirklichkeit.

Dieser Satz bedeutet viel, viel mehr, als nur durch bessere Gesundheit und größere innere Ruhe mehr für andere tun zu können! Er bedeutet auch viel mehr, als seine Umgebung nicht immer wieder mit alten unbewußten Mustern und Gefühlen konfrontieren und belasten zu müssen. Wir alle sind auf unendlich vielen verschiedene Ebenen miteinander verbunden, und wer ein schlechtes Gewissen hat, weil er so viel Zeit scheinbar für sich selbst aufwendet, sollte sich diese Verbundenheit immer wieder bewußt machen. Alles im Universum steht in einer Resonanzbeziehung. *Der achte Schlüssel ist die Einsicht, daß du alles, was du für dich tust, auch für alle anderen tust.* Das Loslassen von deinen negativen Gefühlen, einschränkenden Mustern oder belastenden Erlebnissen befreit eben nicht nur dich selbst, sondern hilft auch anderen, freier und glücklicher zu leben.

Der neunte und letzte Schlüssel für die erfolgreiche Durchführung eines Entwicklungsprogramms ist die Nutzung der Kraft von Ritualen. Heilung bedeutet immer, daß auch das Unbewußte, Archetypische in uns mithilft, uns mit jenen Bereichen zu verbinden, aus denen heraus Heilung geschehen kann. Rituale sind ganz besonders geeignet, diese Bereiche in uns zur Mithilfe anzuregen.

Nicht nur ein Schamanischer Tanz ist ein Ritual, sondern du kannst alles, was in irgendeiner Weise Bezug zu deiner Selbstbehandlung hat, rituell nutzen. Mit *Ritual* meinen wir hier, daß bestimmte Handlungen immer wiederkehren, wenn wir uns zu unserer Selbstbehandlung zurückziehen. Das kann zum Beispiel bedeuten, daß du dir immer vorher die Hände wäscht, eine bestimmte Musik auflegst, dir eine Kerze oder ein Räucherstäbchen anzündest und mit bestimmten Worten um Hilfe bittest. Besonders hilfreich ist es, wenn du dir während der einundzwanzig Tage immer zur selben Zeit Reiki gibst. Auch die immer gleiche Abfolge der Handpositionen ist ein Ritual.

Ein solches Ritual wirkt, ist es erst einmal eingeübt, wie ein Anker, an dem dein Unterbewußtsein eine bestimmte innere Haltung festmacht. Wenn du den Anker auswirfst, bringt dich dein Unterbewußtsein, dein inneres Kind, in immer kürzerer Zeit in den meditativen Zustand, der sich im Laufe der Selbstbehandlung einstellt.

Die neun Schlüssel hier noch einmal als kurze Schlagworte:

- **Nichts erwarten**
- **Die Entscheidung täglich wiederholen**
- **Täglich üben**
- **Urteilslosigkeit**
- **Vertrauen**
- **Demut**
- **Dankbarkeit**
- **Einheitsbewußtsein**
- **Rituale**

Nutze diese Schlüssel so gut du kannst. Sie können dir Türen in ein reicheres, freieres und erfüllteres Leben öffnen.

Bevor du mit einem der Programme beginnst, besorge dir ein Tagebuch und leg es dir zusammen mit diesem Buch und einem Stift bereit.

Und wenn doch alles nicht so klappt, wie du es dir vorgestellt hast – sei nachsichtig mit dir und den Menschen in deiner Umgebung. Bedenke bitte: Was sich nicht erfüllt hat, sind deine persönlichen Erwartungen, die sich auf deine alten Glaubens- und Verhaltensmuster gründen. Du kannst aber darauf vertrauen, daß das, was geschieht, aus ganzheitlicher Sicht für dich richtig ist, auch wenn du es im Moment vielleicht anders empfindest. Erwartungen erfüllen sich immer dann nicht, wenn sie nicht im Einklang mit dem Fluß des Lebens sind.

Erstes und wichtigstes Ziel des Reiki ist es, sich selbst mögen und lieben zu lernen und mit all seinen Fehlern anzunehmen. Bewahre stets den Funken der Dankbarkeit für das, was du bist, und laß Liebe und Mitgefühl in deinem Herzen wachsen.

Wir wünschen dir viel Freude bei deiner inneren Reise.

Das Übungsprogramm zum 1. Reiki-Grad

Die Erlebnisse, die du während des Seminars oder deiner Einzeleinweihung hattest, sind wie ein Same, der in die Erde gelegt wurde. Diesen Samen kannst du jetzt natürlich sich selbst überlassen und darauf vertrauen, daß Mutter Natur schon ihr übriges tun wird.

Wenn du diesen Samen allerdings hegst und pflegst, ihn richtig bewässerst, düngst, für die richtige Temperatur und genügend Sonnenlicht sorgst, wird daraus eines Tages ein strahlendes Lebewesen mit vollen Blüten und gesunden Früchten.

Dieses Programm ist eine Anleitung, den Samen der Universellen Lebensenergie in dir zum Blühen zu bringen und ihn reiche Früchte tragen zu lassen.

Es ist ein weitverbreitetes Phänomen, so »normal«, daß niemand sich noch Gedanken darüber macht: Viele Menschen finden sich immer wieder in Lebenssituationen, die sie eigentlich gar nicht wollten. Das bezieht sich auf die Bereiche unserer Beziehungen zu unseren Partnern ebenso wie auf die Art und Weise, wie wir oftmals entgegen besserer Erkenntnis mit unserem Körper umgehen. Ein elementarer Bereich wird auch durch unsere Verbindungen mit den Menschen an unserem Arbeitsplatz berührt, denn mit ihnen verbringen wir viel mehr Zeit als mit unseren Partnern. Alle Bereiche des Lebens können in uns Spannungen hervorrufen, Probleme aufwerfen, Unzufriedenheit bis hin zu Depressionen bewirken und auch handfeste Krankheiten auslösen.

Das Reiki-Übungsprogramm in diesem Buch will unter anderem jedem Reiki-Praktizierenden die Gelegenheit eröffnen, den Fragen nachzuspüren, wie fast jeder von uns Erfahrungen wählt, wie wir sie verstehen, verarbeiten und in unser Leben integrieren. Wir können, ja, wir müssen uns dabei fragen, welche Werte, welche Lebensverträge und Glaubenssysteme unser Leben steuern und unser Handeln bestimmen.

Ein Ziel des Reiki-Übungsprogramms ist es, Angst und Unsicherheit durch Selbstvertrauen und ein neues Selbstwertgefühl zu ersetzen und die persönlichen Herausforderungen mit neu gewonnener Kraft und Vitalität zu bewältigen.

Ungeachtet aller Erfolge und prüfbaren Schritte sollen Körper und Seele auch einfach zur Ruhe kommen. Weniger wichtig ist die Frage, was wir riskieren oder aufgeben müssen, um unsere Wünsche, zum Beispiel nach neuer Selbstbestimmung, nach umfassender Freiheit, zu realisieren. Altes aufgeben, Neues prinzipiell willkommen heißen – das bedeutet in jedem Fall eine Begegnung mit unseren Wünschen, mit unseren Wünschen nach mehr Befriedigung, innerem Frieden, nach Stille und Glück.

Bevor der Reiki-Schüler den Prozeß der Reinigung und Läuterung mit dem in diesem Buch vorgeschlagenen Programm durchläuft, kann es empfehlenswert sein, die jeweiligen persönlichen Hauptthemen, die der Klärung bedürfen, aufzulisten. Es empfiehlt sich in diesem Falle, Wünsche und Sorgen auf einem Blatt Papier zu notieren. Wenn der bewußte Blick von vornherein auf den einen oder anderen Bereich gelenkt wird, kann die klärende, befreiende Wirkung im Reinigungsprozeß nach der Einweihung ungleich größer sein, als wenn man sich nur davon überraschen läßt, was wohl im Verlauf des Reiki-Übungsprogramms passieren wird.

Nun noch einige Bemerkungen zum wichtigen Thema Reiki-Tagebuch. Das Tagebuch ist nicht nur ein hilfreicher Begleiter in unserem Reiki-Prozeß (mitunter mag es für alleinstehende Menschen sogar der wichtigste Begleiter sein). Das Tagebuch ist von großer Wichtigkeit hinsichtlich der Rückkopplung, die es uns gestattet. Wir empfehlen allen Lesern, dieses Tagebuch stets griffbereit zu halten und es so zu einer Art Reisegefährten durch das Einundzwanzig-Tage-Programm werden zu lassen. Das Reiki-Tagebuch wird für den Reiki-Praktizierenden auch nach Abschluß des durchlaufenen Reiki-Prozesses anhand des in diesem Buch vorgeschlagenen Programms eine wertvolle Erinnerungsstütze sein.

Die Reiki-Einweihung ist wie ein Same, die Reiki-Praxis wie die Bewässerung, die nach einer Zeit des Wartens, der Reifung und der Geduld die Früchte hervorbringt. Schreiben wir also ruhig auf, was uns in den Sinn kommt, was uns morgens beim Aufwachen als erstes bewegt und aus der Phase der Nachtruhe im Gedächtnis geblieben ist. Schreiben wir auf, was uns auf allen Ebenen bewegt – körperlich, seelisch, geistig, emotional, spirituell, intellektuell.

Nun noch einige kurze Bemerkungen zur Farbe Rot, die ja den Umschlag unseres dritten Buches über die Reiki-Kraft umhüllt. Rot ist Erdung, und Erdung ist für viele Menschen, die mit der Praxis des Reiki beginnen, das Allerwichtigste. Das Erden, das sich Verankern im Alltag durch Klärungen im Berufsleben und auch im Rahmen unserer Beziehungen, ist Grundlage für alles weitere Wachsen. Erdung ist auch besonders für diejenigen Menschen sehr wichtig, die irrtümlicherweise davon ausgehen, daß mit einer Einweihung in die Reiki-Kraft schon die ganz große Spiritualität in ihrem Leben ausgebrochen ist.

Vorbereitung

Die Übungen sind einfach. Wir brauchen der ganzheitlich heilenden Wirkung der Universellen Lebensenergie nur genügend Raum zu lassen. Für unsere innere und äußere Entwicklung ist es allerdings bedeutend, bewußt mitzuerleben, wie sich die liebende Kraft der Universellen Lebensenergie in dem Maße entfaltet, wie wir lernen, sie zuzulassen.

So ist es auch ein Ziel der Übungen, auf die Universelle Lebensenergie und auf uns selbst vertrauen zu lernen, indem wir beobachten und wahrnehmen, was sich entwickelt, was entsteht. Um unsere Beobachtungs- und Wahrnehmungsfähgkeit in diesem Sinne zu schulen, haben wir zur Orientierung eine Liste von Fragen für jeden Tag angefügt. Vielen Reiki-Praktizierenden mag es auf diese Weise leichter fallen, während der Übungen die Aufmerksamkeit auf verschiedenste Aspekte des Erlebens zu richten.

Andererseits bedeutet ein solcher Fragenkatalog natürlich auch eine Einschränkung. Indem du deine Aufmerksamkeit nur auf die Beantwortung der gestellten Fragen richtest, entgeht dir vielleicht gerade das, was für dich persönlich besonders wichtig ist. Fühle dich deshalb frei, die Fragen zu nutzen, wie sie hier vorgeschlagen werden, oder aber einfach nur aufzuschreiben, was dir in den Sinn kommt.

Der angebotene Orientierungsrahmen soll dir eine Hilfe geben, deine Gedanken und Gefühle zu ordnen, nicht mehr, aber auch nicht weniger. Der Fragenkatalog ist kein Formular, das man ausfüllen muß. Er ist ein Angebot, das du nutzen kannst, um deine eigene, ganz persönliche Art und Weise der Wahrnehmung zu entwickeln.

Scheue dich daher nicht, deine Notizen in dieses Buch hineinzuschreiben. Intuitionen, spontane Ideen sind meistens einmalig, und es lohnt sich oft, sie festzuhalten. Darüber hinaus ist es sehr wahrscheinlich, daß du dich in ein paar Wochen über viele deiner heutigen Einstellungen und Sichtweisen wundern wirst. Diese Erfahrung solltest du nicht verpassen!

Es dürfte den meisten Menschen wohl nicht leichtfallen, auf alle Fragen eine Antwort zu wissen. Gönne dir einfach deine vermeintliche Unvollkommenheit, ja nutze sie, denn es sind doch gerade die Fragen, auf die du keine Antwort weißt, die dich weiterbringen. Du wirst feststellen, daß sich deine Wahrnehmung im Laufe der Zeit ganz von allein weiten wird.

Dieses Buch bietet nur Platz für einige Stichworte. Wenn du das Gefühl hast, mehr aufschreiben zu wollen, lege dir ein Tagebuch zu. Kaufe dir ein Buch mit festem Einband und *wirklich leeren* Seiten. Hier kannst du auch leicht festhalten, was sich über den Tag, also außerhalb deiner Selbstbehandlungszeit, verändert, und was sich an Bemerkenswertem für dich ereignet. Wie du auch immer vorgehen willst, halte dir auf jeden Fall einen Stift und dein Tagebuch bereit, damit du sofort aufschreiben kannst, was du erlebst, bevor es in Vergessenheit gerät.

Während deiner Selbstbehandlung solltest du in deiner Hinwendung zu dir selbst nicht gestört werden. Das ist eine Empfehlung, die sich zunächst selbstverständlich anhört. Aber es ist für manche Menschen gar nicht so einfach, sich einen solchen Freiraum zu schaffen. Hinzu kommt, daß eine Reiki-Behandlung immer auch eine innere Veränderung bedeutet, und unser Ego mag keine Veränderungen. Deshalb wird es immer wieder Gründe erfinden, warum du gerade jetzt keine Zeit für Reiki oder für dich selbst hast.

Beobachte sehr genau, welche Widerstände sich dir in den Weg stellen. Du kannst mit einiger Sicherheit davon ausgehen, daß so etwas passieren wird: Dein Kassettenrekorder geht kaputt, plötzlich kommt ein dringender Termin, oder du hast ganz einfach gerade keine Lust. Vielleicht nicht am ersten oder zweiten Tag, aber irgendwann während des Programms wirst du dich wahrscheinlich dabei erwischen, daß es »gerade heute überhaupt nicht geht«.

Diese Hindernisse sind völlig normal. Aber auch dies ist wahr: *Du* bist der einzige Mensch, der dafür sorgen kann, daß sich dir auf deiner inneren Reise immer weniger Hindernisse in den Weg stellen. Die Schlüssel, die im einführenden Kapitel beschrieben wurden, werden dir dabei helfen. Lies es ruhig ab und zu noch einmal durch. Und wenn du beobachtest, was in dir und um dich herum passiert, kannst du immer mehr erkennen: Deine Außenwelt ist nur ein Spiegel deiner Innenwelt. Widerstände, die sich in dir auflösen, verschwinden auch im Außen.

Viele Menschen mögen es gern, wenn sie während der Selbstbehandlungen eine CD oder Kassette hören, die gut zu Reiki paßt.

Auch ein Aromaöl, dessen Duft sehr angenehm ist, mag dich in deiner Entspannung unterstützen. Mach dir aber immer wieder klar, daß Steine, Düfte, Musik, Kerzen und andere rituelle Utensilien nur Hilfsmittel sind. Sie sollten nicht zu viel Raum in deinem Bewußtsein einnehmen. Es geht hier um deine innere Entwicklung und nicht darum, dich mit möglichst vielen Requisiten von dir selbst abzulenken.

Die Grundpositionen sollten jeweils etwa fünf Minuten gehalten werden. Wenn du nicht zu den Menschen gehörst, die über ein gutes inneres Zeitbewußtsein verfügen, stelle dir eine Uhr so auf, daß du sie ohne Schwierigkeiten ablesen kannst. Schöner ist es, unserer Erfahrung nach, Musik zu hören, die in Abständen von etwa fünf Minuten die Tonart wechselt oder eine kurze Pause macht. Mach dir aber nicht zu viele Gedanken über den Fünf-Minuten-Rhythmus, denn er soll nur eine Richtschnur sein. Zur nächsten Position zu wechseln, wenn es sich für dich richtig anfühlt, wenn du einen inneren Impuls dazu spürst, ist allemal sinnvoller, als sich einer mechanischen Zeitmessung zu unterwerfen.

Wenn es irgendwie möglich ist, richte dir einen festen Platz ein, an dem du deine Selbstbehandlungen ungestört durchführen kannst. Versuche auch, täglich zur gleichen Zeit zu üben. Wenn das nicht geht, lege täglich fest, um welche Uhrzeit du am nächsten Tag mit dem Programm fortfahren wirst.

Bevor du mit diesem Programm beginnst, kannst du folgende Vorübung durchführen:

Setze dich still hin und versetze dich wieder in die Energie der Einweihung. Erinnere dich an die Augenblicke der Übertragung der Reiki-Energie, an deine Erlebnisse während des Seminars. Schreibe auf, welche Themen dir auf der Seele liegen. Z.B.: Krankheiten, sexuelle Schwierigkeiten, gefühlsmäßige Verletzungen, seelische Schmerzen, Beziehungsprobleme oder was auch immer. Wünsche dir, daß die Reiki-Kraft alte Wunden zu heilen beginnt. Wünsche dir, die Füße auf den Boden zu bekommen, ganz unten und ganz von vorn anzufangen und – durch die Reiki-Kraft ermutigt und gestärkt – vor alten Wunden und Schmerzen die Augen nicht mehr verschließen zu müssen.

Nun können all diese Worte leicht einen Leistungsdruck entstehen lassen. Der Glaube, eine Leistung bringen zu müssen, ist im Kontext innerer Entwicklung aber nicht nur hinderlich, er macht sie sogar unmöglich. Bleibe deshalb trotz des Wunsches, dich zu entwickeln, bei dir selbst, sei liebevoll und nachsichtig mit dir und den Menschen in deiner Umgebung. Erstes und wichtigstes Ziel des Reiki ist es, sich selbst mögen und lieben zu lernen und mit allen Fehlern anzunehmen. Bewahre den Funken der Dankbarkeit für das, was du schon bist.

Leg dir einfach die Hände auf, wie es dir bei deiner Einweihung gezeigt wurde, und bleibe bei dir.

Die einundzwanzig Tage des 1. Reiki-Grades

Sei dir wirklich bewußt, daß du dir jetzt Zeit für dich nimmst. Du hast entschieden, diese Stunde mit dir zu verbringen. Und die Liebe und Aufmerksamkeit, die du dir widmest, bewirkt etwas in allen Menschen, ja allen Wesen.

Lege dir einfach nur die Hände auf, so, wie du es von deinem Reiki-Lehrer oder deiner Reiki-Lehrerin gezeigt bekommen hast. Es ist nicht so wichtig, die einzelnen Positionen exakt zu finden. Die Wirkung des Reiki-Flusses reicht stets über die Körperstelle hinaus, auf die die Hände gelegt werden.

Spüre dem Fließen der Energie nach. Sei achtsam, während du die einzelnen Positionen hältst. Versuche zu erspüren, was mit dir und in dir geschieht.

Als Leitbild für diese Übung laß folgendes inneres Bild in dir aufsteigen:

Stell dir die Sonne vor, die über einem frisch gepflügten Acker aufgeht und den Himmel in ein blutrotes Licht taucht. Versuche, den Geruch der Erde zu empfinden.

Gehe mit dieser Vorstellung in die Übung hinein. Nimm die Eindrücke dieses inneren Bildes und die kommenden Erfahrungen, wie sie sind, ohne zu beurteilen oder gar zu verurteilen.

Ich bin. Die Erde trägt und nährt mich.
Sie gibt mir Sicherheit.

Beginne jetzt mit der ersten Kopfposition.

Hinweise zum ersten Tag:
(bitte erst nach der Selbstbehandlung bearbeiten!)

Datum:	
Wie fühle ich mich in diesem Moment?	
Was habe ich während meiner Selbstbehandlung empfunden bei den:	
Kopfpositionen	körperlich: gefühlsmäßig: geistig:
Vorderpositionen	körperlich: gefühlsmäßig: geistig:
Rückenpositionen	körperlich: gefühlsmäßig: geistig:
Welche Positionen fielen mir schwer, welche leicht?	
Was ist im Verlauf des Tages Besonderes passiert?	
Welche inneren und äußeren Widerstände traten auf? (Wie habe ich versucht, mich von meiner Selbstbehandlung abzuhalten?)	
Wann werde ich mir morgen Zeit für mich nehmen?	

Schließe noch einmal die Augen und laß für eine Minute ein Gefühl der Dankbarkeit in dir dafür aufsteigen, daß der uns alle nährende Planet Erde auch für dich da ist und dich sicher trägt. Gerade heute vertraue darauf, daß die Erde für dich sorgt.

Wenn Gefühle von Unsicherheit oder Angst in dein Bewußtsein treten, nimm sie an, ohne sie zu verurteilen oder dich mit ihnen zu identifizieren. Schau sie dir einfach an. Du lebst jetzt. Deine Erinnerungen sind Vorstellungen in deinem Kopf, die mit der Gegenwart nichts zu tun haben. *Gerade heute sorge dich nicht.*

Laß nun alles los und genieße dein Leben. *Achte am folgenden Tag vor allem darauf, wie das, was du zu dir nimmst, riecht.*

Der zweite Tag

Sei dir wirklich bewußt, daß du dir jetzt wieder Zeit für dich gönnst. Du hast entschieden, diese Stunde mit dir zu verbringen. Und die Liebe und Aufmerksamkeit, die du dir widmest, bewirkt etwas in allen Wesen.

Lege dir einfach nur die Hände auf, so, wie du es von deinem Reiki-Lehrer oder deiner Reiki-Lehrerin gezeigt bekommen hast.

Spüre dem Fließen der Energie nach. Sei achtsam, während du die einzelnen Positionen hältst. Versuche zu erspüren, was mit dir und in dir geschieht.

Als Leitbild für diese Übung laß folgendes inneres Bild in dir aufsteigen.

Stelle dir den Mond vor, dessen Licht auf einen vom Wind leicht bewegten See fällt. Versuche, den Geschmack der klaren Luft zu schmecken. Am rechten Rand des Sees sitzen einige Menschen um ein lustig flackerndes Lagerfeuer, dessen Schein die Umgebung in ein orangenes Licht taucht.

Gehe mit diesem inneren Bild in die Übung hinein. Laß alle Gefühle und Empfindungen aufsteigen. Schaue sie dir an, ohne zu versuchen, sie festzuhalten.

Ich genieße mein Leben und meinen Körper von Tag zu Tag mehr und mehr.

Beginne jetzt mit der Selbstbehandlung.

Hinweise zum zweiten Tag:
(bitte erst nach der Selbstbehandlung bearbeiten!)

Datum:	
Wie fühle ich mich in diesem Moment?	
Was habe ich während meiner Selbstbehandlung empfunden bei den:	
Kopfpositionen	körperlich: gefühlsmäßig: geistig:
Vorderpositionen	körperlich: gefühlsmäßig: geistig:
Rückenpositionen	körperlich: gefühlsmäßig: geistig:
Wie fühlt sich mein Bauchraum an?	
Was ist im Verlauf des Tages Besonderes passiert?	
Welche inneren und äußeren Widerstände traten auf? (Wie habe ich versucht, mich von meiner Selbstbehandlung abzuhalten?)	
Wann werde ich mir morgen Zeit für mich nehmen?	

Schließe noch einmal die Augen und laß für eine Minute Gefühle der Dankbarkeit für die sinnlichen und erotischen Erfahrungen, die du schon erleben durftest, in dir aufsteigen.

Wenn du das Gefühl hast, daß es zu wenig Sinnlichkeit in deinem Leben gab, nimm es an, ohne dich oder andere zu verurteilen. Laß diese Gefühle so, wie sie sind. Freue dich an dem, was du erleben durftest. Was hinter dir liegt, ist Vergangenheit. *Gerade heute ärgere dich nicht.*

Laß nun alles wieder los und genieße dein Leben. Gerade heute freue dich. *Achte am folgenden Tag besonders auf alles, was du schmeckst.*

Der dritte Tag

Du hast entschieden, jetzt eine Stunde mit dir zu verbringen. Genieße sie. Vielleicht mußt du diese Zeit der Selbstbehandlung gegen dich oder andere durchsetzen, aber denk immer daran: Die Liebe und Hinwendung, die du dir selbst entgegenbringst, bewirkt etwas in allen Wesen. Es ist wichtig, daß du dir diese Zeit für dich nimmst.

Leg dir die Hände auf, eine Position nach der anderen, so, wie du es gelernt hast.

Spüre dem Fließen der Energie nach. Sei achtsam, während du die einzelnen Positionen hältst. Versuche immer mehr zu erspüren, was mit dir und in dir geschieht.

Als Leitbild für diesen Tag laß das folgende innere Bild in dir aufsteigen:

Stell dir ein riesiges Feld voll reifen Korns im Spätsommer vor. Darüber scheint eine gelbrote Sonne am klaren, von einigen weißen Wölkchen bemalten Himmel. Die Halme und Ähren erstrahlen in einem hellen gelben Licht. Laß dieses Bild vor deinem inneren Auge aufleuchten und fühle, wie es dir Kraft gibt.

Gehe mit diesem inneren Bild in die Übung hinein. Laß alles zu, was in dir aufsteigen will. Schau es dir an, das Gute und das Schlechte. All das gehört zu dir, all das bist du auch.

Ich verarbeite meine Gefühle und Erlebnisse leichter und immer leichter. Ich sehe, wie meine Autorität und Stärke auf ganz natürliche Weise wachsen.

Beginne jetzt mit der Selbstbehandlung.

Hinweise zum dritten Tag:
(bitte erst nach der Selbstbehandlung bearbeiten!)

Datum:	
Wie fühle ich mich in diesem Moment?	
Was habe ich während meiner Selbstbehandlung empfunden bei den:	
Kopfpositionen	körperlich: gefühlsmäßig: geistig:
Vorderpositionen	körperlich: gefühlsmäßig: geistig:
Rückenpositionen	körperlich: gefühlsmäßig: geistig:
Wie fühlt sich mein Magen an?	
Was ist im Verlauf des Tages Besonderes passiert?	
Welche inneren und äußeren Widerstände traten auf? (Wie habe ich versucht, mich von meiner Selbstbehandlung abzuhalten?)	
Wann werde ich mir morgen Zeit für mich nehmen?	

Schließe noch einmal die Augen und laß für eine Minute ein Gefühl der Dankbarkeit in dir dafür aufsteigen, daß du aus deinen Erfahrungen lernen kannst.

Wenn du das Gefühl hast, zu wenig Macht über dich und dein Leben zu haben, akzeptiere diesen Zustand erst einmal so, wie er ist. *Gerade heute verdiene dein Brot ehrlich.*

Laß nun alles los und genieße den Tag. *Versuche heute, genau zu beobachten, was du siehst:* Die Farben, die Formen, die Größe, die räumliche Beziehung der Dinge um dich herum.

Der vierte Tag

Du verbringst jetzt eine Stunde mit dir. Genieße sie. Die Liebe, die du dir selbst entgegenbringst, hilft allen Wesen, sich selbst anzunehmen und weiterzuentwickeln. Freue dich über den Beitrag, den du dafür leisten kannst.

Leg dir die Hände auf, eine Position nach der anderen, so, wie du es gelernt hast.

Spüre das warme Fließen der Lebensenergie. Sei achtsam und liebevoll mit dir, während du die einzelnen Positionen hältst. Du vertraust mehr und mehr darauf, was mit dir und in dir geschieht.

Als Leitbild für diesen Tag laß das folgende innere Bild in dir aufsteigen:

Die Abendsonne taucht den Horizont in ein zartes rosa Leuchten, während sich hoch über deinem Kopf ein klarer Himmel weitet. Du stehst auf einer grünen Wiese und erblickst bunte Wildblumen zu deinen Füßen. Wie fühlen sich die Blüten an, wenn du sie berührst?

Gehe mit diesem inneren Bild in die Übung hinein. Laß alles zu, was in dir aufsteigen will. Schau es dir nur an, deine Freude, deine Trauer. All das gehört zu dir, all das will auch gelebt werden.

Ich gebe der Liebe in mir mehr und mehr Raum.
Ich sage ja zu all meinen Gefühlen.

Beginne jetzt mit der Selbstbehandlung.

Hinweise zum vierten Tag:
(bitte erst nach der Selbstbehandlung bearbeiten!)

Datum:	
Wie fühle ich mich in diesem Moment?	
Was habe ich während meiner Selbstbehandlung empfunden bei den:	
Kopfpositionen	körperlich: gefühlsmäßig: geistig:
Vorderpositionen	körperlich: gefühlsmäßig: geistig:
Rückenpositionen	körperlich: gefühlsmäßig: geistig:
Wie fühlt sich mein Herz an? Wie atme ich?	
Was ist im Verlauf des Tages Besonderes passiert?	
Welche Unterstützung, welche Hilfe wurde mir heute zuteil?	
Wann werde ich mir morgen Zeit für mich nehmen?	

Schließe noch einmal die Augen und laß für eine Minute ein Gefühl der Dankbarkeit in dir dafür aufsteigen, daß du ein Herz hast, das lernen kann, mit anderen Wesen mitzufühlen.

Wenn du Trauer empfindest, akzeptiere dieses Gefühl so, wie es ist. Wer Trauer nicht zuläßt, kann auch keine wirkliche Freude empfinden. *Sei freundlich zu allen Wesen.*

Laß jetzt alles los und genieße den Tag. *Sei heute besonders achtsam, wie sich die Dinge anfühlen, die du berührst.*

Der fünfte Tag

Du verbringst jetzt eine Stunde mit dir. Genieße sie. Alle positiven Worte, alle positiven Gedanken, all die Achtung, die du für dich selbst empfindest – all das bringt in anderen Wesen etwas zum Klingen. Freue dich darüber.

Leg dir die Hände auf, eine Position nach der anderen, so, wie du es gelernt hast.

Spüre das warme Fließen der Lebensenergie. Sei achtsam und liebevoll mit dir, während du die einzelnen Positionen hältst. Du verspürst mehr und mehr, was mit dir und in dir geschieht.

Als Leitbild für diesen Tag laß das folgende innere Bild in dir aufsteigen:

Auf der Oberfläche eines leicht bewegten Sees spiegelt sich ein zartblauer Himmel, auf dem einige weiße Wölkchen ihre Bahn ziehen. Du kannst das Geräusch der Wellen am Ufer hören.

Gehe mit diesem inneren Bild in die Übung hinein. Laß alles zu, was in dir aufsteigen will. Schau sie dir an, deine (vielleicht sogar etwas verrückten) Gedanken oder deine spontanen Einfälle. Laß sie für diese Stunde vorüberziehen, hänge ihnen nicht nach.

**Ideen und Einfälle fließen mir leicht zu,
und ich teile mich immer freier, schöpferischer
und spontaner mit.**

Beginne jetzt mit der Selbstbehandlung.

Hinweise zum fünften Tag:
(bitte erst nach der Selbstbehandlung bearbeiten!)

Datum:	
Wie fühle ich mich in diesem Moment?	
Was habe ich während meiner Selbstbehandlung empfunden bei den:	
Kopfpositionen	körperlich: gefühlsmäßig: geistig:
Vorderpositionen	körperlich: gefühlsmäßig: geistig:
Rückenpositionen	körperlich: gefühlsmäßig: geistig:
Wie fühlt sich mein Hals an? Mein Kiefer?	Wie hört sich meine Stimme an?
Was ist im Verlauf des Tages Besonderes passiert?	
Welche spontanen Ideen hatte ich heute?	
Wann werde ich mir morgen Zeit für mich nehmen?	

Schließe noch einmal die Augen und laß für eine Minute ein Gefühl der Dankbarkeit in dir aufsteigen für die Möglichkeit, dich mitzuteilen und dafür, daß du dich in vielen deiner Ziele verwirklichen konntest. Sei dankbar für die vielen Gelegenheiten, in denen du wahr sein konntest. *Sei dankbar für die vielen Segnungen.*

Wenn du manchmal nicht die Wahrheit sagen konntest – vergib dir. Die Vergangenheit ist vorbei. Es gibt nichts, was dich daran hindern kann, von jetzt an immer mehr und mehr deine Wahrheit auszusprechen.

Laß jetzt alles los und genieße den Tag. *Achte heute ganz besonders auf die Geräusche, Laute und Töne, die dein Ohr erreichen.*

Der sechste Tag

Du verbringst jetzt eine Stunde mit dir. Genieße sie. Die Achtsamkeit, mit der du auf deine innere Stimme hörst, ist die gleiche Kraft, die auch anderen Menschen hilft, ihren Weg zu finden. Freue dich über diese Verbindung.

Leg dir die Hände auf, eine Position nach der anderen, so, wie du es gelernt hast.

Empfinde das warme Fließen der Lebensenergie. Sei achtsam und liebevoll mit dir, während du die einzelnen Positionen hältst. So kannst du mehr und mehr den Ruf deiner inneren Stimme spüren.

Als Leitbild für diesen Tag laß das folgende innere Bild in dir aufsteigen:

Der schwarzblaue Nachthimmel über dir ist mit golden funkelnden Sternen übersät. Während du ihn betrachtest, spürst du, wie du dich innerlich weitest.

Wenn du nun mit diesem inneren Bild in die Übung hineingehst, laß alles zu, was in dir aufsteigen will.

Mein Blickfeld weitet sich mehr und mehr.
Ich nehme mit all meinen Sinnen wahr.

Beginne jetzt mit der Selbstbehandlung.

Hinweise zum sechsten Tag:
(bitte erst nach der Selbstbehandlung bearbeiten!)

Datum:	
Wie fühle ich mich in diesem Moment?	
Was habe ich während meiner Selbstbehandlung empfunden bei den:	
Kopfpositionen	körperlich: gefühlsmäßig: geistig:
Vorderpositionen	körperlich: gefühlsmäßig: geistig:
Rückenpositionen	körperlich: gefühlsmäßig: geistig:
Wie fühlen sich meine Augen an? Meine Stirn?	Wie fühlt sich mein Gehirn an?
Was ist im Verlauf des Tages Besonderes passiert?	
In welcher Situation habe ich heute eine helfende Hand gefühlt?	
Wann werde ich mir morgen Zeit für mich nehmen?	

Schließe noch einmal die Augen und laß für eine Minute ein Gefühl der Dankbarkeit in dir aufsteigen für die innere Führung, die weise dafür gesorgt hat, daß du gerade jetzt hier sitzt. *Sei dankbar für die vielen Segnungen, die dir Tag für Tag zuteil werden.*

Wenn du deine innere Stimme, dein höheres Selbst, auch oft nicht beachtet hast – sie wird dir in ihrer unendlichen Liebe deshalb nicht böse sein. Versuche immer mehr, deinem inneren Wissen zu vertrauen, und lerne, ihm zu folgen.

Laß jetzt alles los und genieße den Tag. *Achte heute ganz besonders auf Wahrnehmungen, die dich außerhalb deiner fünf körperlichen Sinne zu erreichen versuchen.*

Der siebte Tag

Wer fühlt? Wer beobachtet?

Du verbringst jetzt eine Stunde mit dir. Genieße sie. Es gibt einen Raum in dir, wo Gut und Schlecht, Freude und Trauer nicht existieren. Dort gibt es auch keine Trennung zwischen dir und der Existenz.

Leg die Hände auf, eine Position nach der anderen, so, wie du es gelernt hast.

Spüre das warme Fließen der Lebensenergie. Versuche zu ergründen, wer es ist, der die Hände auflegt. Legst du dir die Hände auf? Legen sich deine Hände von selbst auf deinen Körper? Legt sich dein Körper unter deine Hände? Und wer ist es, der das alles wahrnimmt, beobachtet?

Als Leitbild für diesen Tag laß das folgende innere Bild in dir aufsteigen:

Du stehst auf einem schneebedeckten Berggipfel, der die ganze Landschaft überragt. Über dir wölbt sich ein weiter Himmel. Unter dir, im Tal, fährt eine Eisenbahn vorbei – es ist die Bahn deines Lebens. Wenn du wolltest, könntest du ins Tal gehen und auf den Zug aufspringen, aber jetzt schaust du einfach nur. Du genießt es, mit deinem Blick das Ganze erfassen zu können und einmal über die Begrenzungen deines Lebenstales hinauszublicken.

Wenn du nun mit diesem inneren Bild in die Übung hineingehst, versuche, dich innerlich von allem zu lösen.

Wer ist es, der da schaut? Wer fühlt? Wer beobachtet?

Das Leben wirkt durch mich.

Beginne jetzt mit der Selbstbehandlung.

Hinweise zum siebten Tag:
(bitte erst nach der Selbstbehandlung bearbeiten!)

<table>
<tr><td>Datum:</td><td></td></tr>
<tr><td colspan="2">Wie fühle ich mich in diesem Moment?</td></tr>
<tr><td colspan="2"></td></tr>
<tr><td colspan="2">Was habe ich während meiner Selbstbehandlung empfunden bei den:</td></tr>
<tr><td>Kopfpositionen</td><td>körperlich:
gefühlsmäßig:
geistig:</td></tr>
<tr><td>Vorderpositionen</td><td>körperlich:
gefühlsmäßig:
geistig:</td></tr>
<tr><td>Rückenpositionen</td><td>körperlich:
gefühlsmäßig:
geistig:</td></tr>
<tr><td>Wie fühlt sich meine Kopfhaut an?</td><td></td></tr>
<tr><td>Was ist im Verlauf des Tages Besonderes passiert?</td><td></td></tr>
<tr><td>In welcher Situation habe ich heute eine helfende Hand gefühlt?</td><td></td></tr>
<tr><td colspan="2">Wann werde ich mir morgen Zeit für mich nehmen?</td></tr>
</table>

Schließe noch einmal die Augen und horche in dich hinein.
Laß jetzt alles los und gehe deinem Tagewerk nach.

Notizen am Ende der 1. Woche:

Der achte Tag

Du hast entschieden, diese Stunde mit dir zu verbringen. Du weißt, daß deine Liebe und Aufmerksamkeit allen Lebewesen zugute kommt.

Leg dir die Hände auf, so, wie du es von deinem Reiki-Lehrer oder deiner Reiki-Lehrerin gezeigt bekommen hast. Spüre dem Fließen der Energie nach. Sei achtsam, während du die einzelnen Positionen hältst. Versuche zu erspüren, was mit dir und in dir geschieht.

Als Leitbild für diese Übung laß wieder folgendes innere Bild in dir entstehen:

Die Sonne geht über einem frisch gepflügten Acker auf und taucht den Himmel in ein blutrotes Licht. Rieche die frische Erde.

Gehe mit diesem inneren Bild in die Übung hinein. Nimm die Erfahrungen, wie sie sind, ohne zu beurteilen, oder gar zu verurteilen.

Ich bin. Die Erde trägt und nährt mich.
Sie gibt mir Sicherheit.

Bevor du damit beginnst, dir Reiki zu geben, stell dich aufrecht hin. Schließe die Augen und spüre, wie deine Fußsohlen den Boden berühren, ihn begreifen, betasten, Kontakt herstellen. Atme nun drei- oder viermal tief in dein Becken hinein. Nun lege dich hin und beginne mit deiner Selbstbehandlung.

Hinweise zum achten Tag:
(bitte erst nach der Selbstbehandlung bearbeiten!)

Datum:	
Wie fühle ich mich in diesem Moment?	
Was habe ich während meiner Selbstbehandlung empfunden bei den:	
Kopfpositionen	körperlich: gefühlsmäßig: geistig:
Vorderpositionen	körperlich: gefühlsmäßig: geistig:
Rückenpositionen	körperlich: gefühlsmäßig: geistig:
Welche Positionen fielen mir schwer, welche leicht?	
Was ist im Verlauf des Tages Besonderes passiert?	
Welche inneren und äußeren Widerstände traten auf? (Wie habe ich versucht, mich von meiner Selbstbehandlung abzuhalten?)	
Wann werde ich mir morgen Zeit für mich nehmen?	

Schließe noch einmal die Augen und laß für eine Minute Gefühle von Dankbarkeit und Freude in dir aufsteigen. Mutter Erde ist auch für dich da und trägt dich sicher.

Wenn Gefühle von Unsicherheit oder Angst in dein Bewußtsein treten, nimm sie an, ohne sie zu verurteilen oder dich mit ihnen zu identifizieren. Schau sie dir einfach an, während du wahrnimmst, wie dein Atem wie von selbst ein- und ausströmt.

Du lebst jetzt. Deine Erinnerungen sind Vorstellungen in deinem Kopf, die mit der Gegenwart nichts zu tun haben. *Gerade heute sorge dich nicht.*

Laß nun alles los und genieße dein Leben. *Achte bis zur nächsten Übungsstunde vor allem darauf, wie die Nahrung, die du zu dir nimmst, riecht.*

Der neunte Tag

Du hast dich erneut entschieden, diese Stunde für dich und alle Wesen zu nutzen.

Leg dir die Hände auf, so, wie du es von deinem Reiki-Lehrer oder deiner Reiki-Lehrerin gezeigt bekommen hast.

Spüre dem Fließen der Energie nach. Sei achtsam, während du die einzelnen Positionen hältst. Versuche zu erspüren, was mit dir und in dir geschieht.

Als Leitbild für diese Übung laß wieder folgendes inneres Bild in dir aufsteigen:

Das Licht des Mondes fällt auf einen leicht bewegten See. Versuche, den Geschmack der klaren Luft zu schmecken. Am rechten Rand des Sees sitzen einige Menschen um ein lustig flackerndes Lagerfeuer, dessen Schein die Umgebung in ein orangenes Licht taucht.

Gehe mit diesem inneren Bild in die Übung hinein. Laß alle Gefühle und Empfindungen aufsteigen. Schau sie dir an, ohne an ihnen festzuhalten.

Ich genieße mein Leben und meinen Körper von Tag zu Tag mehr und mehr.

Bevor du nun in die Übung hineingehst, stell dich aufrecht hin. Schließe die Augen und fühle, wie deine Fußsohlen dich mit Mutter Erde verbinden. Lege nun beide Hände auf den Bauch (etwas unterhalb deines Bauchnabels) und atme einige Male tief in deinen Bauch hinein. Mit deinen Händen kannst du die Bewegung deiner Bauchdecke fühlen und den Atemfluß unterstützen. Lege dich nun hin und beginne mit der Selbstbehandlung.

Hinweise zum neunten Tag:
(bitte erst nach der Selbstbehandlung bearbeiten!)

Datum:	
Wie fühle ich mich in diesem Moment?	
Was habe ich während meiner Selbstbehandlung empfunden bei den:	
Kopfpositionen	körperlich: gefühlsmäßig: geistig:
Vorderpositionen	körperlich: gefühlsmäßig: geistig:
Rückenpositionen	körperlich: gefühlsmäßig: geistig:
Wie fühlt sich mein Bauchraum an?	
Was ist im Verlauf des Tages Besonderes passiert?	
Welche inneren und äußeren Widerstände traten auf? (Wie habe ich versucht, mich von meiner Selbstbehandlung abzuhalten?)	
Wann werde ich mir morgen Zeit für mich nehmen?	

Schließe noch einmal die Augen und denke an deine Freundschaften, deine Familie, deine Beziehungen zu anderen Menschen und zu deiner Umwelt. Bedanke dich doch beim Leben, bei der Existenz, ganz einfach einmal dafür, daß du auf dieser Welt nicht allein sein mußt.

Wenn du das Gefühl hast, daß es zu wenig erfüllende oder erfreuliche Beziehungen in deinem Leben gab, so nimm es an, ohne dich oder andere zu verurteilen. *Gerade heute ärgere dich nicht.* Freue dich an dem, was du erleben durftest. Was hinter dir liegt, ist Vergangenheit.

Laß nun alles wieder los und genieße dein Leben. Gerade heute freue dich. *Achte bis zur nächsten Selbstbehandlung besonders auf alles, was du schmeckst.* Nimm dir auch Zeit für dein Tagebuch.

Der zehnte Tag

Genieße die Stunde, die du jetzt mit dir verbringen wirst. Vielleicht mußt du diese Zeit der Selbstbehandlung gegen dich selbst oder andere durchsetzen, aber denk immer daran: All die Liebe, all die Achtsamkeit, die du dir selbst entgegenbringst, bewirkt etwas in allen Wesen. Es ist nicht nur für dich wichtig, daß du dir diese Zeit schenkst. Vielleicht solltest du heute noch einmal das Kapitel »Einige Schlüssel zur Arbeit mit den Programmen« lesen.

Lege dir die Hände auf, eine Position nach der anderen, so, wie du es gelernt hast.

Spüre dem Fließen der Energie nach. Sei achtsam, während du die einzelnen Positionen hältst. Versuche immer mehr zu erspüren, was mit dir und in dir geschieht.

Als Leitbild für diesen Tag laß das folgende innere Bild in dir aufsteigen:

> *Stell dir ein riesiges Feld voll reifen Korns im Spätsommer vor. Darüber scheint eine gelbrote Sonne am klaren, von einigen weißen Wölkchen bemalten Himmel. Die Halme und Ähren erstrahlen in einem hellen gelben Licht. Laß dieses Bild vor deinem inneren Auge aufleuchten und fühle, wie es dir Kraft gibt.*

Gehe mit diesem inneren Bild in die Übung hinein. Laß alles zu, was in dir aufsteigen will. Schau es dir nur an, das Gute und das Schlechte. All das gehört zu dir, all das bist du auch.

Ich verarbeite meine Gefühle und Erlebnisse leichter und immer leichter. Ich sehe, wie meine Autorität und Stärke auf ganz natürliche Weise wachsen.

Bevor du nun mit deiner Selbstbehandlung beginnst, stelle dich aufrecht hin und schließe die Augen. Spüre, wie deine Fußsohlen den Boden begreifen, spüre die Wärme in deinem Bauch. Lege nun beide Hände auf dein Sonnengeflecht (zwischen Bauchnabel und Rippenbogen) und atme einige Male tief in diesen Bereich. Lege dich nun hin und beginne mit der ersten Kopfposition.

Hinweise zum zehnten Tag:
(bitte erst nach der Selbstbehandlung bearbeiten!)

Datum:	
Wie fühle ich mich in diesem Moment?	
Was habe ich während meiner Selbstbehandlung empfunden bei den:	
Kopfpositionen	körperlich: gefühlsmäßig: geistig:
Vorderpositionen	körperlich: gefühlsmäßig: geistig:
Rückenpositionen	körperlich: gefühlsmäßig: geistig:
Wie fühlt sich mein Magen an?	
Was ist im Verlauf des Tages Besonderes passiert?	
Welche inneren und äußeren Widerstände traten auf? (Wie habe ich versucht, mich von meiner Selbstbehandlung abzuhalten?)	
Wann werde ich mir morgen Zeit für mich nehmen?	

Schließe noch einmal die Augen und laß für eine Minute ein Gefühl der Dankbarkeit in dir dafür aufsteigen, daß du Erfahrungen machen und verarbeiten kannst.

Wenn du Zeit findest, solltest du heute das Kapitel »Einige Schlüssel zur Arbeit mit den Programmen« noch einmal lesen.

Gerade heute verdiene dein Brot ehrlich.

Laß nun alles los und genieße den Tag. *Versuche heute, genau zu beobachten, was du siehst:* Die Farben, die Formen, die Größe, die räumliche Beziehung der Dinge um dich herum.

Der elfte Tag

Du verbringst jetzt eine Stunde mit dir. Genieße sie.

Leg dir die Hände auf, eine Position nach der anderen, so, wie du es gelernt hast.

Spüre das warme Fließen der Lebensenergie. Sei achtsam und liebevoll mit dir, während du die einzelnen Positionen hältst. Du vertraust mehr und mehr darauf, was mit dir und in dir geschieht.

Als Leitbild für diesen Tag laß das folgende innere Bild in dir aufsteigen:

Die Abendsonne taucht den Horizont in ein zartes rosa Leuchten, während sich hoch über deinem Kopf ein klarer Himmel weitet. Du stehst auf einer grünen Wiese und erblickst bunte Wildblumen zu deinen Füßen. Wie fühlen sich die Blüten an, wenn du sie berührst?

Gehe mit diesem inneren Bild in die Übung hinein. Laß alles zu, was in dir aufsteigen will. Schau es dir nur an, deine Freude, deine Trauer. All das gehört zu dir, all das will auch gelebt werden.

Ich gebe der Liebe in mir mehr und mehr Raum.
Ich sage ja zu all meinen Gefühlen.

Bevor du mit deiner Selbstbehandlung beginnst, stell dich aufrecht hin und schließe die Augen. Spüre in deinen Füßen, wie die Erde dich trägt, spüre die orangene Wärme in deinem Unterbauch und die gelbe Sonne in deinem Oberbauch. Lege nun beide Hände auf die Mitte deiner Brust und atme einige Male tief in dein Herz hinein. Beginne jetzt mit der Selbstbehandlung.

Hinweise zum elften Tag:
(bitte erst nach der Selbstbehandlung bearbeiten!)

Datum:	
Wie fühle ich mich in diesem Moment?	
Was habe ich während meiner Selbstbehandlung empfunden bei den:	
Kopfpositionen	körperlich: gefühlsmäßig: geistig:
Vorderpositionen	körperlich: gefühlsmäßig: geistig:
Rückenpositionen	körperlich: gefühlsmäßig: geistig:
Wie fühlt sich mein Herz an? Wie atme ich?	
Was ist im Verlauf des Tages Besonderes passiert?	
Welche Unterstützungen, welche Hilfe wurde mir heute zuteil?	
Wann werde ich mir morgen Zeit für mich nehmen?	

Schließe noch einmal die Augen und laß für eine Minute ein Gefühl der Dankbarkeit in dir dafür aufsteigen, daß du ein Herz hast, das lernen kann, mitzuempfinden.

Wenn du Trauer empfindest, akzeptiere dieses Gefühl so, wie es ist. Wer keine Trauer zuläßt, wird auch keine Freude empfinden können. Wenn du Freude fühlst, akzeptiere sie und genieße sie, ohne mit deinem Verstand nach einem »Warum« zu fragen. *Sei freundlich zu allen Wesen.*

Laß jetzt los und genieße den Tag. *Sei heute besonders achtsam, wie sich die Dinge anfühlen, die du berührst.*

Der zwölfte Tag

Du verbringst jetzt eine Stunde mit dir. Genieße sie und freue dich darüber.

Leg dir die Hände auf, eine Position nach der anderen, so, wie du es gelernt hast.

Spüre das warme Fließen der Lebensenergie. Sei achtsam und liebevoll mit dir, während du die einzelnen Positionen hältst. Du verspürst mehr und mehr, was mit dir und in dir geschieht.

Als Leitbild für diesen Tag laß das folgende innere Bild in dir aufsteigen:

Auf der Oberfläche eines leicht bewegten Sees spiegelt sich ein zartblauer Himmel, auf dem einige weiße Wölkchen ihre Bahn ziehen. Du kannst das Geräusch der Wellen am Ufer hören.

Gehe mit diesem inneren Bild in die Übung hinein. Laß alles zu, was in dir aufsteigen will. Schau sie dir an, deine (vielleicht sogar etwas verrückten) Gedanken oder deine spontanen Einfälle. Für diese Stunde laß sie vorüberziehen, hänge ihnen nicht nach.

Ideen und Einfälle fließen mir leicht zu.

Bevor du mit deiner Selbstbehandlung beginnst, stelle dich aufrecht hin und schließe die Augen. Spüre in deinen Füßen, wie die Erde dich trägt, spüre die orangene Wärme in deinem Unterbauch, die gelbe Sonne in deinem Oberbauch und einen rosa oder grünen Sonnenball in deiner Brust. Lege nun beide Hände von vorn auf deine Halsgrube und atme einige Male tief in diesen Bereich hinein. Beginne jetzt mit der Selbstbehandlung.

Hinweise zum zwölften Tag:
(bitte erst nach der Selbstbehandlung bearbeiten!)

Datum:	
Wie fühle ich mich in diesem Moment?	
Was habe ich während meiner Selbstbehandlung empfunden bei den:	
Kopfpositionen	körperlich: gefühlsmäßig: geistig: seelisch:
Vorderpositionen	körperlich: gefühlsmäßig: geistig: seelisch
Rückenpositionen	körperlich: gefühlsmäßig: geistig: seelisch:
Wie fühlt sich mein Hals an? Mein Kiefer?	Wie hört sich meine Stimme an?
Was ist im Verlauf des Tages Besonderes passiert?	
Welche spontanen Ideen hatte ich heute?	
Wann werde ich mir morgen Zeit für mich nehmen?	

Schließe noch einmal die Augen und laß für eine Minute ein Gefühl der Dankbarkeit in dir aufsteigen für die Möglichkeit, dich mitzuteilen und dafür, daß du dich in vielen deiner Ziele verwirklichen konntest. Sei dankbar für die vielen Gelegenheiten, in denen du deine Wahrheit aussprechen konntest. *Sei dankbar für die vielen Segnungen.*

Wenn du manchmal nicht die Wahrheit sagen konntest – vergib dir. Die Vergangenheit ist vorbei. Es gibt nichts, was dich daran hindern kann, von jetzt an immer mehr und mehr die Wahrheit auszusprechen.

Laß jetzt alles los und genieße den Tag. *Achte heute ganz besonders auf die Geräusche, die Laute und Töne, die dein Ohr erreichen.*

Der dreizehnte Tag

Genieße die kommende Stunde. Laß jetzt alles los, was dich behindert und festhält. Alles um dich herum ist jetzt unwichtig.

Leg dir die Hände auf, eine Position nach der anderen, so, wie du es gelernt hast.

Spüre das warme Fließen der Lebensenergie. Sei achtsam und liebevoll mit dir, während du die einzelnen Positionen hältst. Du verspürst mehr und mehr den Ruf deiner inneren Stimme.

Als Leitbild für diesen Tag laß das folgende innere Bild in dir aufsteigen:

> *Der schwarzblaue Nachthimmel über dir ist mit golden funkelnden Sternen übersät. Während du ihn betrachtest, spürst du, wie du dich innerlich weitest.*

Wenn du nun mit diesem inneren Bild in die Übung hineingehst, laß alles zu, was in dir aufsteigen will. Öffne dich. Dies ist eine Gelegenheit, zu erspüren, was dir dein Höheres Selbst sagen will.

Mein Blickfeld weitet sich mehr und mehr.
Ich nehme mit all meinen Sinnen wahr.

Bevor du mit deiner Selbstbehandlung beginnst, stell dich aufrecht hin und schließe die Augen. Spüre in deinem Becken eine rote Sonne, spüre die orangene Wärme in deinem Unterbauch, die gelbe Sonne in deinem Oberbauch und einen rosa oder grünen Sonnenball in deiner Brust. Aus deiner Kehle und deinem Hals leuchtet es in einer lichtblauen Farbe. Lege nun beide Hände auf die Stirn und stell dir vor, daß dein Atem durch deine Hände und deine Stirn bis tief in dein Becken ein- und ausströmt. Nimm einige tiefe Atemzüge. Lege dich nun langsam und bewußt hin, schließe die Augen und beginne mit der ersten Kopfposition.

Hinweise zum dreizehnten Tag:
(bitte erst nach der Selbstbehandlung bearbeiten!)

Datum:	
Wie fühle ich mich in diesem Moment?	
Was habe ich während meiner Selbstbehandlung empfunden bei den:	
Kopfpositionen	körperlich: gefühlsmäßig: geistig:
Vorderpositionen	körperlich: gefühlsmäßig: geistig:
Rückenpositionen	körperlich: gefühlsmäßig: geistig:
Wie fühlen sich meine Augen an? Meine Stirn?	
Was ist im Verlauf des Tages Besonderes passiert?	
An welcher Stelle, in welcher Situation habe ich heute eine helfende Hand gefühlt?	
Wann werde ich mir morgen Zeit für mich nehmen?	

Schließe noch einmal die Augen und laß für eine Minute ein Gefühl der Dankbarkeit in dir aufsteigen für die innere Führung, die weise dafür gesorgt hat, daß du gerade jetzt hier sitzt. *Sei dankbar für die vielen Segnungen, die dir Tag für Tag zuteil werden.*

Wenn du deine innere Stimme, dein Höheres Selbst, auch oft nicht beachtet hast – entspanne dich. Versuche immer mehr, deinem inneren Wissen zu vertrauen und deiner inneren Stimme zu folgen.

Laß jetzt alles los und genieße den Tag. *Achte bis zur nächsten Selbstbehandlung ganz besonders auf Wahrnehmungen, die dich außerhalb deiner fünf körperlichen Sinne zu erreichen versuchen.*

Der vierzehnte Tag

Du verbringst jetzt eine Stunde in Einheit mit dir. Es gibt keine Trennung zwischen dir und der Existenz, auch wenn dein Verstand dich etwas anderes glauben machen will. Frage dich heute immer wieder, wer *du* bist.

Lege dir die Hände auf, eine Position nach der anderen.

Spüre das warme Fließen der Lebensenergie. Versuche zu ergründen, wer es ist, der sich die Hände auflegt. Legst du dir die Hände auf? Legen sich deine Hände von selbst auf deinen Körper? Wer ist es, der das alles beobachtet?

Als Leitbild für diesen Tag laß das folgende innere Bild in dir aufsteigen:

Du stehst auf einem schneebedeckten Berggipfel, der die ganze Landschaft überragt. Über dir wölbt sich ein weiter Himmel. Unter dir, im Tal, fährt eine Eisenbahn vorbei – es ist die Bahn deines Lebens. Wenn du wolltest, könntest du ins Tal gehen und auf den Zug aufspringen, aber jetzt schaust du einfach nur. Du genießt es, mit deinem Blick das Ganze erfassen zu können und einmal über die Begrenzungen deines Lebenstales hinauszublicken.

Wenn du nun mit diesem inneren Bild in die Übung hineingehst, versuche dich innerlich von allem zu lösen.

Wer ist es, der da schaut?

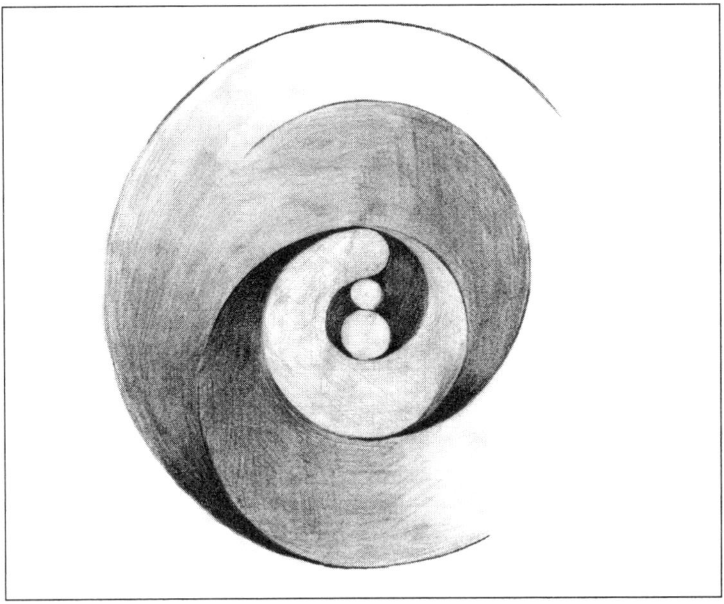

Das Leben wirkt durch mich.

Bevor du mit deiner Selbstbehandlung beginnst, stelle dich aufrecht hin und schließe die Augen. Spüre in deinem Becken eine rote Sonne, spüre die orangene Wärme in deinem Unterbauch, die gelbe Sonne in deinem Oberbauch und einen rosa oder grünen Sonnenball in deiner Brust. Aus deiner Kehle und deinem Hals leuchtet es in einer lichtblauen Farbe. Zwischen deinen Augenbrauen, in deinem *dritten Auge*, scheint eine nachtblaue Lichtkugel. Lege nun beide Hände oben auf deinen Kopf und stelle dir vor, daß dein Atem durch deine Hände und deine Kopfhaut bis tief in dein Becken ein- und ausströmt. Nimm einige tiefe Atemzüge. Lege dich hin und beginne jetzt mit der ersten Kopfposition.

Hinweise zum vierzehnten Tag:
(bitte erst nach der Selbstbehandlung bearbeiten!)

Datum:	
Wie fühle ich mich in diesem Moment?	
Was habe ich während meiner Selbstbehandlung empfunden bei den:	
Kopfpositionen	körperlich: gefühlsmäßig: geistig:
Vorderpositionen	körperlich: gefühlsmäßig: geistig:
Rückenpositionen	körperlich: gefühlsmäßig: geistig:
Wie fühlt sich meine Kopfhaut an?	
Was ist im Verlauf des Tages Besonderes passiert?	
In welcher Situation habe ich heute eine helfende Hand gefühlt?	
Wann werde ich mir morgen Zeit für mich nehmen?	

Schließe noch einmal die Augen und horche in dich hinein. Alles ist gut.

Laß jetzt alles los und gehe deinem Tagewerk nach.

Notizen am Ende der 2. Woche:

Der fünfzehnte Tag

Heute beginnt der dritte Zyklus deines Programms. Du darfst ruhig ein wenig stolz auf dich sein, schließlich war es sicher nicht immer einfach für dich, jeden Tag aufs neue zu entscheiden, dir Zeit für dich zu nehmen. Schau dir heute deine bisherigen Aufzeichnungen noch einmal an.

Als Leitbild für die heutige Übung laß wieder folgendes Bild in dir entstehen:

Die Sonne geht über einem frisch gepflügten Acker auf und taucht den Himmel in ein blutrotes Licht. Rieche die frische Erde.

Gehe mit diesem inneren Bild in die Übung hinein. Nimm die Erfahrungen, wie sie sind, ohne zu beurteilen oder gar zu verurteilen.

Ich bin. Die Erde trägt und nährt mich.
Sie gibt mir Sicherheit.

Bevor du damit beginnst, dir Reiki zu geben, stell dich aufrecht hin und laß die Arme einfach herunterhängen. Schließe die Augen und spüre, wie deine Fußsohlen den Boden berühren, ihn begreifen, betasten, Kontakt herstellen. Laß nun dein Bewußtsein in dein unteres Becken und deine Geschlechtsorgane wandern. Stell dir dort einen tiefroten Ball vor. Laß deine Atmung los und beobachte, wie sich wie von selbst einige Atemzüge einstellen wollen. Forciere nichts, laß einfach nur deine Aufmerksamkeit für etwa eine Minute in diesem Bereich ruhen. Nun lege dich hin und beginne mit deiner Selbstbehandlung. Achte heute und an den folgenden Tagen auch darauf, wie dein Atem während deiner Übung reagiert. Versuche nicht, deine Atmung bewußt zu steuern.

Hinweise zum fünfzehnten Tag:
(bitte erst nach der Selbstbehandlung bearbeiten!)

Datum:	
Wie fühle ich mich in diesem Moment?	
Was habe ich während meiner Selbstbehandlung empfunden bei den:	
Kopfpositionen	körperlich: gefühlsmäßig: geistig:
Vorderpositionen	körperlich: gefühlsmäßig: geistig:
Rückenpositionen	körperlich: gefühlsmäßig: geistig:
Welche Positionen fielen mir schwer, welche leicht?	
Was ist im Verlauf des Tages Besonderes passiert?	
Welche inneren und äußeren Widerstände traten auf? (Wie habe ich versucht, mich von meiner Selbstbehandlung abzuhalten?)	
Wann werde ich mir morgen Zeit für mich nehmen?	

Schließe noch einmal die Augen und laß für eine Minute Gefühle von Dankbarkeit und Freude in dir aufsteigen. Mutter Erde ist auch für dich da und trägt dich sicher.

Laß auch Gefühle von Sicherheit und Mut in dir wachsen. Wenn Angst in dein Bewußtsein tritt, nimm sie an, ohne sie zu verurteilen oder dich mit ihr zu identifizieren. Schau sie dir einfach an, während du deinen Atem wie von selbst ein- und ausströmen läßt. *Gerade heute erwarte das Beste.*

Laß nun alles los und genieße dein Leben. *Achte vor allem darauf, wie das, was du zu dir nimmst, riecht.*

Der sechzehnte Tag

Du hast dich erneut entschieden, diese Stunde für dich und alle Wesen zu nutzen.

Leg dir die Hände auf, so, wie du es von deinem Reiki-Lehrer oder deiner Reiki-Lehrerin gezeigt bekommen hast. Spüre dem Fließen der Energie nach. Sei achtsam, wenn die Hände von einer Position zur nächsten wechseln. Versuche zu erspüren, was mit dir und in dir geschieht, während du die Positionen hältst.

Als Leitbild für diese Übung laß folgendes Bild in dir aufsteigen:

Das Licht des Mondes fällt auf einen leicht bewegten See. Versuche, den Geschmack der klaren Luft zu schmecken. Am rechten Rand des Sees sitzen einige Menschen um ein lustig flackerndes Lagerfeuer, dessen Schein die Umgebung in ein orangenes Licht taucht.

Gehe mit diesem inneren Bild in die Übung hinein. Laß alle Gefühle und Empfindungen aufsteigen. Schau sie dir an, ohne sie festhalten zu wollen.

Ich genieße mein Leben und meinen Körper von Tag zu Tag mehr und mehr.

Bevor du nun in die Übung hineingehst, stelle dich aufrecht hin und laß die Arme einfach herunterhängen. Schließe die Augen und spüre, wie deine Fußsohlen Kontakt herstellen. Laß nun dein Bewußtsein in dein unteres Becken und deine Geschlechtsorgane wandern. Stelle dir dort einen tiefroten Ball vor. Wandere jetzt mit deiner Aufmerksamkeit in deinen Unterbauch, wo eine orangene Sonne wärmende Strahlen aussendet. Laß los und beobachte, wie sich wie von selbst einige Atemzüge einstellen wollen. Forciere nichts, laß einfach nur deine Aufmerksamkeit für etwa eine Minute im Bereich deines Bauches ruhen. Nun lege dich hin und beginne mit deiner Selbstbehandlung.

Achte heute und an den folgenden Tagen auch darauf, wie dein Atem während deiner Übung reagiert. Versuche nicht, deine Atmung bewußt zu steuern, sondern laß sie einfach kommen und gehen.

Hinweise zum sechzehnten Tag:
(bitte erst nach der Selbstbehandlung bearbeiten!)

Datum:	
Wie fühle ich mich in diesem Moment?	
Was habe ich während meiner Selbstbehandlung empfunden bei den:	
Kopfpositionen	körperlich: gefühlsmäßig: geistig:
Vorderpositionen	körperlich: gefühlsmäßig: geistig:
Rückenpositionen	körperlich: gefühlsmäßig: geistig:
Wie fühlt sich mein Bauchraum an?	
Was ist im Verlauf des Tages Besonderes passiert?	
Was hat mich heute unterstützt, mein Programm fortzusetzen?	
Wann werde ich mir morgen Zeit für mich nehmen?	

Schließe noch einmal die Augen und laß für eine Minute Gefühle der Dankbarkeit in dir aufsteigen für die sinnlichen und erotischen Erfahrungen, die du schon erleben durftest.

Wenn du das Gefühl hast, daß es zu wenig erfüllende oder erfreuliche Beziehungen in deinem Leben gab, nimm es an, ohne dich oder andere zu verurteilen. Laß diese Gefühle so, wie sie sind. Freue dich an dem, was du erleben durftest. Was hinter dir liegt, ist Vergangenheit. *Gerade heute freue dich.*

Laß nun alles wieder los und genieße dein Leben. *Achte am folgenden Tag besonders auf alles, was du schmeckst.* Nimm dir auch Zeit für dein Tagebuch.

Der siebzehnte Tag

Genieße die Stunde, die du jetzt mit dir verbringen wirst. Wenn du diese Zeit der Selbstbehandlung gegen dich oder andere durchsetzen mußt, denk immer daran: All die Liebe, all die Achtsamkeit, die du dir selbst entgegenbringst, bewirkt etwas in allen Wesen. Es ist nicht nur für dich wichtig, daß du dir diese Zeit schenkst. Vielleicht solltest du heute noch einmal das Kapitel »Einige Schlüssel zur Arbeit mit den Programmen« lesen.

Leg dir die Hände auf, eine Position nach der anderen, so, wie du es gelernt hast.

Spüre dem Fließen der Energie nach. Sei achtsam, während du die einzelnen Positionen hältst. Laß immer mehr los.

Als Leitbild für diesen Tag laß das folgende innere Bild in dir aufsteigen:

Stell dir ein riesiges Feld voll reifen Korns im Spätsommer vor. Darüber scheint eine gelbrote Sonne am klaren, von einigen weißen Wölkchen bemalten Himmel. Die Halme und Ähren erstrahlen in einem hellen gelben Licht. Laß dieses Bild vor deinem inneren Auge aufleuchten und fühle, wie es dir Kraft gibt.

Gehe mit diesem inneren Bild in die Übung hinein. Laß alles zu, was in dir aufsteigen will. Schau es dir nur an, das Gute und das Schlechte. All das gehört zu dir, all das bist du auch.

Ich verarbeite meine Gefühle und Erlebnisse leichter und immer leichter. Ich sehe, wie meine Autorität und Stärke auf ganz natürliche Weise wachsen.

Bevor du nun in die Übung hineingehst, stell dich wieder aufrecht hin und laß die Arme einfach herunterhängen. Laß nun dein Bewußtsein in dein unteres Becken und deine Geschlechtsorgane wandern. Stell dir dort einen tiefroten Ball vor. Wandere jetzt mit deiner Aufmerksamkeit in deinen Unterbauch, wo eine orangene Sonne wärmendes Licht aussendet. Dein Sonnengeflecht beginnt in einem satten gelben Licht zu erstrahlen. Laß los und beobachte, wie sich wie von selbst einige Atemzüge einstellen wollen. Forciere nichts, laß einfach nur deine Aufmerksamkeit für etwa eine Minute im Bereich deines Oberbauches ruhen. Nun lege dich hin und beginne mit der ersten Kopfposition.

Hinweise zum siebzehnten Tag:
(bitte erst nach der Selbstbehandlung bearbeiten!)

Datum:	
Wie fühle ich mich in diesem Moment?	
Was habe ich während meiner Selbstbehandlung empfunden bei den:	
Kopfpositionen	körperlich: gefühlsmäßig: geistig:
Vorderpositionen	körperlich: gefühlsmäßig: geistig:
Rückenpositionen	körperlich: gefühlsmäßig: geistig:
Wie fühlt sich mein Magen an?	
Was ist im Verlauf des Tages Besonderes passiert?	
Welche inneren und äußeren Hilfen wurden mir heute zuteil?	
Wann werde ich mir morgen Zeit für mich nehmen?	

Schließe noch einmal die Augen und laß für eine Minute ein Gefühl der Dankbarkeit in dir dafür aufsteigen, daß du Erfahrungen machen und verarbeiten kannst.

Gerade heute verdiene dein Brot ehrlich.

Laß nun alles los und genieße den Tag. *Versuche heute genau zu beobachten, was du siehst:* Die Farben, die Formen, die Größe, die räumliche Beziehung der Dinge um dich herum.

Der achtzehnte Tag

Freue dich über deinen Beitrag. Leg dir die Hände auf, eine Position nach der anderen.

Spüre das warme Fließen der Lebensenergie. Sei achtsam und liebevoll mit dir, während du die einzelnen Positionen hältst. Du vertraust mehr und mehr darauf, was mit dir und in dir geschieht. Dein Herz öffnet sich von Tag zu Tag immer weiter, und du vernimmst immer öfter seine Stimme.

Als Leitbild für diesen Tag laß das folgende innere Bild in dir aufsteigen:

Die Abendsonne taucht den Horizont in ein zartes rosa Leuchten, während sich hoch über deinem Kopf ein klarer Himmel weitet. Du stehst auf einer grünen Wiese und erblickst bunte Wildblumen zu deinen Füßen. Wie fühlen sich die Blüten an, wenn du sie berührst?

Gehe mit diesem inneren Bild in die Übung hinein. Laß alles zu, was in dir aufsteigen will. Schau sie dir an, deine Freude, deine Trauer. All das gehört zu dir, all das will auch gelebt werden.

**Ich gebe der Liebe in mir mehr und mehr Raum.
Ich sage ja zu all meinen Gefühlen.**

Bevor du nun in die Übung hineingehst, stell dich wieder aufrecht hin, die Arme hängen einfach herunter. Laß nun dein Bewußtsein in dein unteres Becken und deine Geschlechtsorgane wandern. Stell dir dort einen tiefroten Ball vor. Wandere jetzt mit deiner Aufmerksamkeit in deinen Unterbauch, wo eine orangene Sonne wärmendes Licht aussendet. Dein Sonnengeflecht beginnt in einem satten gelben Licht zu erstrahlen. In deiner Brust entwickelt sich ein sanftes grünes Leuchten, das von einem zartrosa Rand umgeben ist. Laß los und beobachte, wie sich wie von selbst einige Atemzüge einstellen wollen. Forciere nichts, laß einfach nur deine Aufmerksamkeit für etwa eine Minute in der Mitte deiner Brust ruhen. Nun lege dich hin und beginne mit der ersten Kopfposition.

Hinweise zum achtzehnten Tag:
(bitte erst nach der Selbstbehandlung bearbeiten!)

Datum:	
Wie fühle ich mich in diesem Moment?	
Was habe ich während meiner Selbstbehandlung empfunden bei den:	
Kopfpositionen	körperlich: gefühlsmäßig: geistig:
Vorderpositionen	körperlich: gefühlsmäßig: geistig:
Rückenpositionen	körperlich: gefühlsmäßig: geistig:
Wie fühlt sich mein Herz an? Wie atme ich?	
Was ist im Verlauf des Tages Besonderes passiert?	
Welche Unterstützung, welche Hilfe wurde mir heute zuteil?	
Wann werde ich mir morgen Zeit für mich nehmen?	

Schließe noch einmal die Augen und laß für eine Minute ein Gefühl der Dankbarkeit in dir dafür aufsteigen, daß du ein Herz hast, das lernen kann, mitzuempfinden.

Wenn du Trauer empfindest, akzeptiere dieses Gefühl so, wie es ist, denn wer seine Trauer nicht zuläßt, wird auch keine Freude empfinden können. Wenn du Freude fühlst, akzeptiere sie und genieße sie, ohne mit deinem Verstand nach einem »Warum« zu fragen. *Sei freundlich zu allen Wesen.*

Laß jetzt alles los und genieße den Tag. *Sei heute besonders achtsam, wie sich die Dinge anfühlen, die du berührst.*

Der neunzehnte Tag

Du verbringst jetzt eine Stunde mit dir. Genieße sie und freue dich darüber. Leg dir die Hände auf, eine Position nach der anderen.

Spüre das warme Fließen der Lebensenergie. Sei achtsam und liebevoll mit dir, während du die einzelnen Positionen hältst. Du läßt dich mehr und mehr vom Ruf deines Wesens führen.

Als Leitbild für diesen Tag laß das folgende innere Bild in dir aufsteigen:

Auf der Oberfläche eines leicht bewegten Sees spiegelt sich ein zartblauer Himmel, auf dem einige weiße Wölkchen ihre Bahn ziehen. Du kannst das Geräusch der Wellen am Ufer hören.

Gehe mit diesem inneren Bild in die Übung hinein. Laß alles zu, was in dir aufsteigen will. Schau sie dir an, deine Gedanken oder deine spontanen Einfälle. Für diese Stunde laß sie vorüberziehen, hänge ihnen nicht nach.

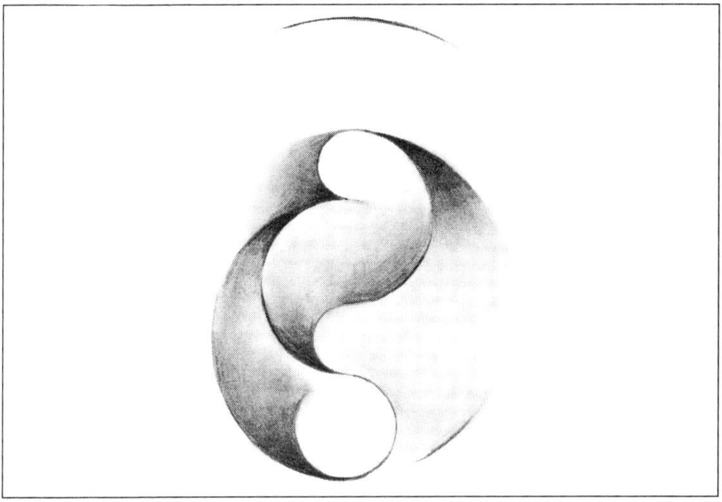

Ideen und Einfälle fließen mir leicht zu.
Ich werde geführt.

Bevor du nun in die Übung hineingehst, stelle dich wieder aufrecht hin, die Arme hängen einfach herunter. Stelle dir in deinem unteren Beckenbereich einen tiefroten Ball vor. Wandere jetzt mit deiner Aufmerksamkeit in deinen Unterbauch, wo eine orangene Sonne wärmendes Licht aussendet. Dein Sonnengeflecht beginnt in einem satten gelben Licht zu erstrahlen. In deiner Brust entwickelt sich ein sanftes grünes Leuchten, das von einem zartrosa Rand umgeben ist. Deine Kehle beginnt jetzt in einer lichtblauen Farbe zu erstrahlen. Laß los und beobachte, wie sich wie von selbst einige Atemzüge einstellen wollen. Forciere nichts, laß einfach nur deine Aufmerksamkeit für etwa eine Minute auf deinem Hals und deiner Kehle ruhen. Nun lege dich hin und beginne mit der Reiki-Selbstbehandlung.

Hinweise zum neunzehnten Tag:
(bitte erst nach der Selbstbehandlung bearbeiten!)

Datum:	
Wie fühle ich mich in diesem Moment?	
Was habe ich während meiner Selbstbehandlung empfunden bei den:	
Kopfpositionen	körperlich: gefühlsmäßig: geistig:
Vorderpositionen	körperlich: gefühlsmäßig: geistig:
Rückenpositionen	körperlich: gefühlsmäßig: geistig:
Wie fühlt sich mein Hals an? Mein Kiefer?	Wie hört sich meine Stimme an?
Was ist im Verlauf des Tages Besonderes passiert?	
Welche spontanen Ideen hatte ich heute?	
Wann werde ich mir morgen Zeit für mich nehmen?	

Schließe noch einmal die Augen und laß für eine Minute ein Gefühl der Dankbarkeit in dir aufsteigen für die vielen Gelegenheiten, bei denen du deine Wahrheit aussprechen konntest. *Sei dankbar für die vielen Segnungen.*

Wenn du manchmal nicht wahr sein konntest – vergib dir. Die Vergangenheit ist vorbei. Es gibt nichts, was dich daran hindern kann, von jetzt an immer wahrer zu werden, immer mehr dein wirkliches Wesen durchscheinen zu lassen.

Laß jetzt alles los und genieße den Tag. *Achte heute ganz besonders auf Geräusche, Laute und Töne, die dein Ohr erreichen.*

Der zwanzigste Tag

Genieße die kommende Stunde. Laß jetzt alles los, was dich behindert und festhält. Alles um dich herum ist jetzt unwichtig.

Spüre das warme Fließen der Lebensenergie. Höre in dich hinein, während du die einzelnen Positionen hältst. Du verspürst mehr und mehr den Ruf deiner inneren Stimme.

Als Leitbild für diesen Tag laß das folgende innere Bild in dir aufsteigen:

Der schwarzblaue Nachthimmel über dir ist mit golden funkelnden Sternen übersät. Während du ihn betrachtest, spürst du, wie du dich innerlich weitest.

Wenn du nun mit diesem inneren Bild in die Übung hineingehst, laß alles zu, was in dir aufsteigen will. Dies ist eine Gelegenheit, zu erspüren, was dir dein Höheres Selbst sagen will.

Mein Blickfeld weitet sich mehr und mehr.
Ich nehme mit all meinen Sinnen wahr.

Bevor du mit deiner Selbstbehandlung beginnst, stelle dich aufrecht hin und schließe die Augen. Spüre in deinem Becken eine rote Sonne, spüre die orangene Wärme in deinem Unterbauch, die gelbe Sonne in deinem Oberbauch und einen rosa oder grünen Sonnenball in deiner Brust. Aus deiner Kehle und deinem Hals leuchtet es in einer lichtblauen Farbe. Wandere mit deiner Aufmerksamkeit in dein *drittes Auge*, etwas oberhalb deiner Nasenwurzel, wo sich ein nachtblaues Strahlen auszubreiten beginnt. Laß nun deinen Atem durch deine Stirn bis tief in dein Becken ein- und ausströmen. Forciere nichts, laß einfach zu, daß es geschieht. Verweile für etwa eine Minute in der Wahrnehmung der Atmung deines dritten Auges. Lege dich jetzt langsam hin, schließe die Augen und beginne mit der ersten Kopfposition.

Hinweise zum zwanzigsten Tag:
(bitte erst nach der Selbstbehandlung bearbeiten!)

Datum:	
Wie fühle ich mich in diesem Moment?	
Was habe ich während meiner Selbstbehandlung empfunden bei den:	
Kopfpositionen	körperlich: gefühlsmäßig: geistig:
Vorderpositionen	körperlich: gefühlsmäßig: geistig:
Rückenpositionen	körperlich: gefühlsmäßig: geistig:
Wie fühlen sich meine Augen an? Meine Stirn?	Wie fühlt sich mein Gehirn an?
Was ist im Verlauf des Tages Besonderes passiert?	
Sind heute in mir besondere Bilder entstanden?	
Wann werde ich mir morgen Zeit für mich nehmen?	

Schließe noch einmal die Augen und laß für eine Minute ein Gefühl der Dankbarkeit in dir aufsteigen für die innere Führung, die weise für dich sorgt, wenn du ihr folgst. *Sei dankbar für die vielen Segnungen, die dir Tag für Tag zuteil werden.*

Wenn du deine innere Stimme, dein Höheres Selbst, auch oft nicht beachtet hast – sie wird dir in ihrer unendlichen Liebe trotzdem weiterhelfen. Versuche immer mehr, deinem inneren Wissen zu vertrauen und zu folgen.

Laß jetzt alles los und genieße den Tag. *Achte heute ganz besonders auf Wahrnehmungen, die dich außerhalb deiner fünf körperlichen Sinne zu erreichen versuchen.*

Der einundzwanzigste Tag

Heute, am letzten Tag dieses Programms, frage dich immer wieder, wer *du* bist.

Spüre das warme Fließen der Lebensenergie. Versuche zu ergründen, wer es ist, der die Hände auflegt. Legen sich deine Hände von selbst auf deinen Körper? Wer ist es, der das alles wahrnimmt, beobachtet?

Als Leitbild für diesen Tag laß noch einmal das folgende innere Bild in dir aufsteigen:

Du stehst auf einem schneebedeckten Berggipfel, der die ganze Landschaft überragt. Über dir wölbt sich ein weiter Himmel. Unter dir, im Tal, fährt eine Eisenbahn vorbei – es ist die Bahn deines Lebens. Wenn du wolltest, könntest du ins Tal gehen und auf den Zug aufspringen, aber jetzt schaust du einfach nur. Du genießt es, mit deinem Blick das Ganze erfassen zu können und einmal über die Begrenzungen deines Lebenstales hinauszublicken.

Wenn du nun mit diesem inneren Bild in die Übung hineingehst, versuche dich innerlich von allem zu lösen.

Wer ist es, der da schaut?

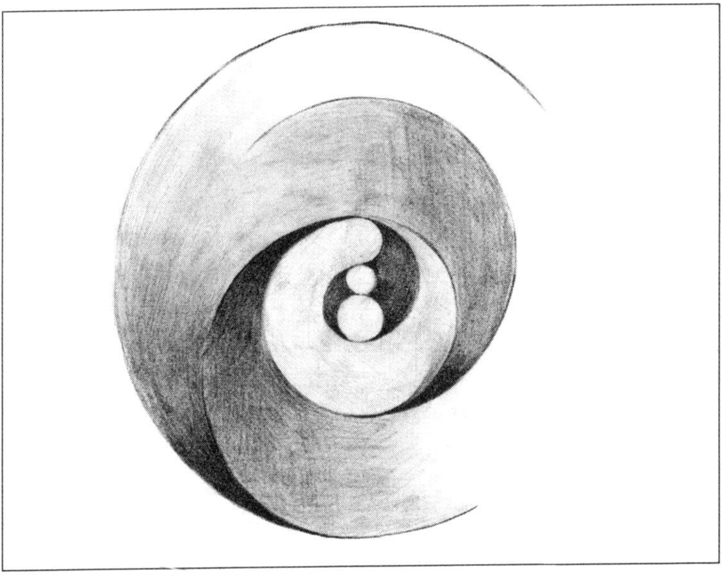

Das Leben wirkt durch mich.

Bevor du mit deiner Selbstbehandlung beginnst, stelle dich aufrecht hin und schließe die Augen. Spüre in deinem Becken eine rote Sonne, spüre die orangene Wärme in deinem Unterbauch, die gelbe Sonne in deinem Oberbauch und einen rosa oder grünen Sonnenball in deiner Brust. Aus deiner Kehle und deinem Hals leuchtet es in einer lichtblauen Farbe. Zwischen deinen Augenbrauen, in deinem dritten Auge, scheint eine nachtblaue Lichtkugel. Stelle dir nun vor, daß ein weißes Licht von oben in deinen Kopf einströmt und mit deinem Einatmen ganz durch dich hindurchströmt bis tief in dein Becken hinein. Halte das Bild, bleibe für etwa zwei Minuten still stehen. Lege dich dann hin und beginne mit der ersten Kopfposition.

Hinweise zum einundzwanzigsten Tag:
(bitte erst nach der Selbstbehandlung bearbeiten!)

Datum:	
Wie fühle ich mich in diesem Moment?	
Was habe ich während meiner Selbstbehandlung empfunden bei den:	
Kopfpositionen	körperlich: gefühlsmäßig: geistig:
Vorderpositionen	körperlich: gefühlsmäßig: geistig:
Rückenpositionen	körperlich: gefühlsmäßig: geistig:
Wie fühlt sich meine Kopfhaut an?	
Was ist im Verlauf des Tages Besonderes passiert?	
In welcher Situation habe ich heute eine helfende Hand gefühlt?	
Werde ich mir morgen wieder Zeit für die Reiki-Selbstbehandlung nehmen?	

Laß jetzt alles los und gehe deinem Tagewerk nach.

Nachwort zum Übungsprogramm für den 1. Reiki-Grad

Das Übungsprogramm ist durchlaufen. Wir wünschen dir, daß du viel von der Ruhe, Kraft und Gelassenheit aus den Stunden, die du mit dir verbracht hast, in deinen Alltag mit hineinnimmst. Was du im Verlauf der letzten drei Wochen erfahren hast, ist ein Fundament, auf das du aufbauen kannst. Auch in Zukunft wirst du ganz sicher immer Zeit für Reiki haben, auch wenn es vielleicht nur eine halbe oder sogar nur eine Viertelstunde sein wird.

Hier noch ein paar ergänzende Fragen, die du dir selbst stellen und möglichst schriftlich beantworten solltest:

- Was ist das Wichtigste, was ich über mich erfahren habe?
- Gestatte ich mir eigentlich wirklich, mit Hilfe der Reiki-Kraft ein »neuer Mensch« zu werden?
- Bin ich wirklich bereit, Eigenverantwortung für mich und mein Leben zu übernehmen?
- Lasse ich mich leicht von meinem Weg ablenken, und wenn ja, wodurch?

Wir, die beiden Autoren dieses Buches, haben wie viele Menschen erfahren, daß sich das Glück um so weiter von uns entfernt, je mehr wir ihm nachjagen. Reiki hat vielen geholfen, einen Zugang zur Innerlichkeit zu finden. Und nur in dieser Innerlichkeit liegt der Schlüssel zum Glück.

Zweifle nicht an dir und vergleiche dich nicht mit anderen. Jeder Mensch ist einzigartig. Es ist nicht wichtig, ob du Licht siehst oder nicht, ob du Energieströme wahrnimmst oder nicht, ob ein Chakra zu glühen scheint oder ob du es nicht direkt spürst. Das alles sind letztlich Äußerlichkeiten. Wichtig ist, dein Vertrauen in die Kraft der Universellen Lebensenergie aus eigener Erfahrung wachsen zu lassen. Sei sicher: Regelmäßige Verbindungen mit der Universellen Lebensenergie und eine innere Haltung der Dankbarkeit werden ihre Wirkung nicht verfehlen.

Das Übungsprogramm zum 2. Reiki-Grad

Allgemeine Anmerkungen

Der Kern des Reiki-Prozesses besteht immer wieder im Loslassen. Es geht dabei nicht in erster Linie um das Loslassen dessen, was wir erreichen wollen. Statt dessen gilt es mehr und mehr darauf zu vertrauen, daß die Universelle Lebensenergie, die Energie der Liebe, die Dinge letzten Endes so ordnet, wie wir es selbst nicht besser hätten machen können.

Durch die Einweihungen ermöglichen die drei Reiki-Symbole einen Zugang zu Dimensionen jenseits von Zeit und Raum. Diese Dimensionen reichen über die Grenzen unseres derzeitigen Verstandes hinaus. Die Symbole und Mantras können mit Worten nicht in ihrer Tiefe beschrieben, sondern nur intuitiv erfühlt werden. Erst in der Anwendung wächst tief im eigenen Herzen ein Wissen, ein inneres Verständnis, eine Bedeutungsbildung heran. Und ebenso wie Praktizierende des 1. Grades erleben, daß jede Verbindung mit der Reiki-Kraft vollkommen neu sein kann, erleben wir mit den Mantras und Symbolen des Reiki, wie sich uns auch hier immer wieder neue, tiefere, weitere Dimensionen erschließen.

Jede erneute Verbindung mit den Symbolen ist einzigartig und kann das Bewußtsein für die unendliche Bedeutungstiefe erweitern, die mit dem jeweiligen Symbol verbunden ist. Symbole und Mantras wirken jenseits des Verstandes und werden so zu etwas ganz Persönlichem, obwohl ihr jeweiliger Anwendungszusammenhang, ihre Wirkungsrichtung festgelegt sind.

Der Besitz des ›Werkzeugkastens‹, der mit den Einweihungen in den 2. Reiki-Grad an dich übergeben wurde, bedeutet nicht unbedingt, daß du damit schon sinnvoll umgehen kannst. Sicher wurde dir der grundsätzliche Umgang mit den Symbolen und Mantras während des Seminars gezeigt. Wenn du allerdings die fantastischen Möglichkeiten, die dir Reiki bietet, wirklich für dich und andere nutzen willst, solltest du dir Zeit nehmen, in die Anwendung der Symbole hineinzuwachsen. Dieses Programm bietet dir einen Leitfaden, der dich in einundzwanzig Tagen mit den Symbolen und ihrem Gebrauch vertraut machen wird. Es kann von jedem, der in den 2. Reiki-Grad eingeweiht ist, mit Gewinn durchgeführt werden, auch wenn die einundzwanzig Tage der inneren Reinigung schon lange verstrichen sein sollten.

Alle Übungen sind so aufeinander abgestimmt, daß das Programm als Ganzes eine Einheit bildet. Wenn du die Übungen in der angegebenen Reihenfolge durchführst, wird etwas Neues in dir entstehen, du wirst in etwas Neues hineinwachsen. Vielleicht wirst du ganz allgemein innerlich weiter werden, glücklicher, zufriedener. Vielleicht werden sich deine Beziehungen verbessern, zu deiner Frau, deinem Mann, deinen Kindern, vielleicht wird auch etwas ganz anderes geschehen, etwas, das gerade für dich und deine Entwicklung besonders wichtig ist. Du kannst auf jeden Fall darauf vertrauen, daß die Reiki-Kraft deine Entwicklung in einem positiven Sinne fördern wird.

Um aus der Durchführung dieses Programmes einen bleibenden Nutzen zu ziehen, sind von deiner Seite zwei Voraussetzungen zu erfüllen: Dein *Wunsch*, etwas in dir wachsen zu lassen, und deine *Entscheidung*, diesen Leitfaden während einer Periode von einundzwanzig Tagen zu nutzen.

Dein Wunsch, weiter zu wachsen, zeigt sich schon darin, daß du dich in den 2. Reiki-Grad hast einweihen lassen und daß du jetzt dieses Buch liest. Die Energieübertragungen während des Seminars oder der Einzeleinweihung waren für dich ein eher passiver Vorgang, ein Aufnehmen, ein Empfangen. Jetzt ist es an der Zeit, aktiv zu handeln, zu geben – zunächst einmal dir selbst. Entscheiden ist Handeln, ist immer ein Tun. Tun heißt hier, dir täglich aktiv Zeit zu geben und die Übungen in der vorgegebenen Struktur auszuführen, mit ganzem Herzen und klarem Verstand. Es ist wichtig, jeden Tag zu üben und keinen Programmteil zu überspringen, weil die einzelnen Übungen ineinandergreifen! Lies die Anleitungen stets vollständig durch, bevor du mit den Übungen beginnst. Bitte tue dir selbst den Gefallen und überspringe keine der Übungseinheiten!

Vorbereitung:
Komme mit dir überein, daß du während der nächsten einundzwanzig Tage dein Reiki-Übungsprogramm an einem von dir gewählten Ort erleben möchtest.

Wenn irgend möglich, richte dir diesen deinen Übungs- und Meditationsort so ein, daß du dich auch während der nächsten einundzwanzig Tage immer wieder dorthin zurückziehen kannst. Lege dir dort dein Tagebuch und einen Stift bereit. Halte auch dieses Buch griffbereit, denn du mußt es immer wieder kurz zur Hand nehmen. Ein Meditationskissen oder ein kleiner Hocker (ohne Rückenlehne) sollte auch vorhanden sein, ebenso eine Uhr oder ein Wecker. Wenn du magst, kannst du auch eine Kerze anzünden und dir eine geeignete ruhige Musik auflegen.

Wir wünschen dir viel Freude in den kommenden Tagen.

Der Leitgedanke zum Übungsprogramm für den 2. Reiki-Grad

Sei dir bewußt, daß du in diesem Moment mit dem Übungsprogramm für den 2. Reiki-Grad beginnst. Bleibe einige Augenblicke dabei und gestatte dir, dich mit dem Leitgedanken dieses Programms vertraut zu machen:

Ich nehme mir Zeit für mich und mein Leben.
Die Aufmerksamkeit, die ich mir widme, erklingt in allen Wesen wieder.
Ich bin verbunden mit allem Leben, weil alles Leben mit mir verbunden ist.

Die einundzwanzig Tage des 2. Reiki-Grades

Der erste Tag

Im Mittelpunkt dieses ersten Übungstages stehen das erste Reiki-Symbol und dein persönlicher Kraftplatz.

- Begib dich an deinen Meditationsplatz. Bevor du weiterliest, beantworte jetzt spontan in drei Worten die folgende Frage: Wie fühle ich mich in diesem Moment?
- Schreibe sofort die drei Stichworte auf, ohne nachzudenken, ohne zu bewerten.

- Stell dich nun in die Mitte des Zimmers, die Füße ungefähr schulterbreit und parallel zueinander, richte den Rücken gerade auf und entspanne Nacken und Schultern so gut, wie es in diesem Moment geht. Ziehe dazu beide Schultern hoch in Richtung Ohren, verweile einen Augenblick und laß dann die Schultern einfach herunterfallen. Schließe die Augen, laß den Hinterkopf nach oben wachsen und ziehe das Kinn leicht in Richtung Brustbein.
- Laß deinen Atem ganz natürlich kommen und gehen, halte nichts fest. Spüre deinen Schwerpunkt, der etwa zwei Zentimeter unterhalb des Bauchnabels im Innern des Körpers liegt. Verbleibe so einige Augenblicke.
- Vergegenwärtige dir das Erlebnis der Einweihung in den 2. Reiki-Grad. Spüre der Freude und Kraft nach, die du vielleicht dabei empfunden hast, und gehe in die Stille und den inneren Frieden, die diese Einweihung in dir auslösten.
- Zeichne nun zum Ausgleich deiner Chakras das erste Symbol über deinen Körper. Beginne am Kronenchakra, führe die Hand mit der dem Körper zugewandten Handfläche zum Basischakra und dann in einer spiralförmigen Bewegung über das Stirnchakra, das Sexualchakra, das Kehlchakra, das Solarplexuschakra zum Herzchakra. Lege dort

für etwa eine Minute deine Hände auf, während du das Mantra des ersten Symbols dreimal sprichst.

- Installiere nun deinen persönlichen Kraftplatz. Begib dich vor die Stelle, an der du für die nächste Zeit deine Übungen machen willst. Zeichne das erste Symbol auf den Boden und sprich das dazugehörige Mantra dreimal. Bitte innerlich um Hilfe und Führung. Setze dich nun möglichst aufrecht und entspannt auf diesen Platz. Nimm dir ein Meditationskissen oder auch einen Hocker zu Hilfe, wenn du nicht auf dem Boden sitzen kannst. Schließe die Augen und nimm für einige Momente das Hinaus- und Hineinfließen deines Atems wahr, während sich dein Geist beruhigt.
- Wenn du das Gefühl hast, angekommen zu sein, laß das erste Symbol vor deinem inneren Auge vor dir im Raum entstehen. Vielleicht hilft dir dabei die Vorstellung einer gebogenen, *kraftvoll rot* erstrahlenden Leuchtstoffröhre. Laß dabei das Mantra des Symbols für zwei Minuten stumm in dir erklingen.
- Heiße nun dieses Symbol der Kraft als einen machtvollen Helfer für deine innere Entwicklung willkommen, indem du es umarmst und an dein Herz ziehst. Gestatte deinen Armen, diese Bewegung wirklich auszuführen. Laß dir Zeit. Empfinde jeden Millimeter der Umarmung als ein Geschenk. Laß dich berühren. Vielleicht will auch ein Gefühl der Freude und Dankbarkeit in dir aufsteigen. Genieße es für einige Minuten.
- Schließe diese Übung ab, indem du in einer Geste des Gebens deine Arme langsam wieder öffnest.
- Lege beide Hände auf deinen Unterbauch. Atme tief ein, laß den Atem sanft und ruhig wieder ausströmen und gestatte deinen Augen, sich wieder zu öffnen. Bleibe noch eine kurze Weile sitzen und spüre nach.

- Spüre wieder nach Innen und frage dich: Wie fühle ich mich in diesem Moment?
- Schreibe sofort und ohne Nachzudenken drei Worte auf.

- Achte an diesem Tag insbesondere auf alles, was in irgendeiner Weise Kraft ausdrückt. Versuche, diese Kraft als deine Verbündete zu empfinden, jederzeit bereit, dir zu helfen.
- Vor dem Schlafengehen gönne dir noch eine Ganzbehandlung, die wesentlicher Bestandteil des Übungsprogramms ist. Lege auf jede der Grundpositionen deine Hände und laß aus ihnen das erste Symbol fließen, wobei du das Mantra innerlich dreimal intonierst. So kann die Reiki-Kraft über Nacht ihre Wirkung besonders nachhaltig entfalten.

Der zweite Tag

Dies ist der zweite Tag deines Reiki-Entwicklungsprogramms. Gestatte dir auch heute ganz bewußt, diese Zeit in dich und dein Leben zu investieren. Alles, was du auf diese Weise für dich tust, kommt auch allen anderen zugute.

Schwerpunkt dieses Übungstages ist das zweite Reiki-Symbol.

- Spüre zunächst wieder nach Innen und frage dich: Wie fühle ich mich in diesem Moment?
- Schreibe ohne Zögern drei Worte auf, die deine Gefühle beschreiben.

- Stelle dich entspannt in deinen Kraftplatz und schließe die Augen. Laß deinen Atem ganz natürlich ein- und ausströmen, ohne ihn zu beeinflussen. Richte deine Aufmerksamkeit auf deinen Schwerpunkt, der zwei Zentimeter unterhalb des Bauchnabels im Körper liegt. Lege beide Hände auf und laß das erste Symbol in deine Mitte fließen. Jetzt lade deinen persönlichen Kraftplatz weiter auf, indem du das erste Symbol unter dir auf dem Boden visualisiert.
- Setze dich nun in deinen Kraftplatz auf den Boden, auf ein Kissen oder einen Hocker. Gestatte deinem Körper, sich in einer möglichst aufrechten Haltung zu entspannen. Beobachte, wie sich dein Atem beruhigt.
- Laß das zweite Symbol vor deinem inneren Auge vor dir im Raum aufleuchten. Vielleicht hilft dir dabei die Vorstellung einer *lichtgrün* erstrahlenden Leuchtstoffröhre. Laß dabei das Mantra des Symbols für zwei Minuten stumm in dir erklingen.
- Heiße nun auch dieses Symbol des Friedens, der Harmonie und Heilung willkommen, indem du es umarmst und langsam an dein Herz heranführst. Gestatte deinen Armen,

diese Bewegung wirklich auszuführen. Laß dir Zeit. Empfinde jeden Millimeter der Umarmung als ein Geschenk. Laß dich berühren. Vielleicht wollen auch Gefühle der Liebe und Dankbarkeit in dir aufsteigen. Laß es geschehen. Genieße es für einige Minuten.

- Schließe diese Übung des Kennenlernens ab, indem du in einer Geste des Gebens deine Arme langsam wieder öffnest.
- Lege beide Hände auf dein Herz. Atme tief ein, laß den Atem sanft und ruhig wieder ausströmen und gestatte deinen Augen, sich wieder zu öffnen. Bleibe noch eine kurze Weile sitzen und spüre nach.
- Frage dich erneut: Wie fühle ich mich in diesem Moment?
- Schreibe wieder drei Worte auf.

- Versuche an diesem Tag besonders, die Harmonie in allem zu entdecken. Versuche, gerade auch dort die Harmonie zu entdecken, wo sie zunächst nicht ohne weiteres sichtbar ist.
- Die Ganzbehandlung vor dem Schlafengehen ist wesentlicher Bestandteil des Übungsprogramms. Lege heute auf jede der Grundpositionen deine Hände und laß aus ihnen jeweils das zweite und anschließend das erste Symbol fließen, wobei du die Mantras innerlich dreimal sprichst. So kann die Reiki-Kraft über Nacht ihre Wirkung heilsam entfalten.

Der dritte Tag

Heute steht wieder das erste Symbol im Mittelpunkt, obwohl wir mit der energetischen Reinigung deines Raumes beginnen, bei der auch das zweite Symbol angewandt wird.

- Spüre zunächst wieder nach Innen und frage dich: Wie fühle ich mich in diesem Moment?
- Schreibe drei Worte auf, die deine Gefühle beschreiben.

- Stelle dich nun in die Mitte des Zimmers, schließe die Augen und beobachte, wie dein Atem zur Ruhe kommt. Wenn du dich bereit fühlst, öffne die Augen wieder. Begib dich vor eine Ecke des Zimmers und zeichne in den Winkel zwischen Wänden und Decke zunächst das zweite, dann das erste Symbol. Sprich laut oder innerlich jeweils dreimal das entsprechende Mantra. Es ist gut, beim Zeichnen des Symbols die andere Hand mit der Handfläche auf die jeweilige Ecke zu richten. Wiederhole dieses in einer rechtsdrehenden Bewegung an allen Ecken des Zimmers an Decke und Fußboden. Male nun in den leeren Raum in der Mitte des Zimmers möglichst groß das zweite und das erste Symbol, wobei du jeweils das entsprechende Mantra laut oder leise erklingen läßt.
- Schau dich um und versuche zu erspüren, was sich in der Atmosphäre deines Zimmers verändert hat. Nimm auch bewußt die Empfindungen in deinen Händen wahr.
- Begib dich vor deinen Kraftplatz und lade ihn erneut auf, indem du das erste Symbol vor dich auf den Boden zeichnest. Tritt nach dem dreimaligen Sprechen des Mantras in den Kraftplatz hinein und setze dich mit geschlossenen Augen hin.
- Visualisiere wieder das *rotleuchtende* erste Symbol vor dir im Raum. Sprich laut und deutlich dreimal das Mantra.

- Heiße nun zum zweiten Mal bewußt dieses Symbol der Kraft als einen machtvollen Helfer für deine innere Entwicklung willkommen. Umarme es und führe es ganz langsam an dein Herz heran. Laß dir Zeit. Empfinde jeden Millimeter der Bewegung als ein Geschenk. Während der ganzen Bewegung darf das Mantra in dir schwingen und klingen. Laß dich berühren.
- Schließe diese Übung ab, indem du in einer Geste des Gebens deine Arme langsam wieder öffnest. Stell dir dabei vor, wie die Schwingung dieses Symbols in die Welt hineinfließt zum Nutzen aller Wesen.
- Lege beide Hände auf deinen Unterbauch. Atme tief ein, laß den Atem sanft und ruhig wieder ausströmen und gestatte deinen Augen, sich wieder zu öffnen. Bleibe noch eine kurze Weile sitzen und spüre nach.
- Gehe wieder nach Innen und frage dich: Wie fühle ich mich in diesem Moment?
- Schreibe wieder drei Worte auf.

- Verbinde dich an diesem Tag mit allem, was Kraft ausstrahlt. Laß diese Kraft in dich hineinströmen, laß sie zu deiner Kraft werden.
- Vor dem Schlafengehen behandle dich wieder selbst unter Verwendung der beiden ersten Reiki-Symbole.

Der vierte Tag

Schwerpunkt dieses Übungstages ist das zweite Reiki-Symbol.

»Ich nehme mir Zeit für mich und mein Leben.« Ist dir dieser Satz gestern bewußt gewesen, auch ohne daß er in der Beschreibung der Übungseinheit des dritten Tages zu finden war? Schließe einen Moment die Augen und notiere wie zu Beginn jeder Übung drei Worte, die deine Gefühle beschreiben.

- Reinige wie gestern deinen Übungsraum mit Hilfe der Reiki-Symbole.
- Stelle dich entspannt vor deinen Kraftplatz und schließe die Augen. Laß deinen Atem ganz natürlich ein- und ausströmen, komme innerlich noch weiter zur Ruhe.
- Öffne die Augen und zeichne direkt auf den Boden, dort, wo du sitzen wirst, das zweite Symbol. Sprich dazu das Mantra ruhig, kraftvoll und konzentriert. Zeichne anschließend das erste Symbol darüber und sprich das Mantra auf die gleiche Weise. Zeichne dann in den leeren Raum über den Boden das zweite und das erste Symbol, laß die Mantras noch einmal erklingen.
- Tritt nun in diese Symbole hinein und stelle dich damit auf und in deinen Kraftplatz. Schließe für eine Minute die Augen, lege beide Hände auf dein Herz, und fühle nach Innen.
- Wenn du bereit bist, setze dich auf den Boden, auf ein Kissen oder einen Hocker. Gestatte deinem Körper, sich in einer möglichst aufrechten Haltung zu entspannen. Beobachte, wie sich dein Atem beruhigt.
- Laß das zweite Symbol vor deinem inneren Auge vor dir im Raum aufleuchten. Nutze dabei wieder die Vorstellung einer *lichtgrün* oder auch *zartrosa* erstrahlenden Leucht-

stoffröhre. Laß dabei das Mantra des Symbols für eine Weile stumm in dir erklingen.

- Heiße nun dieses Symbol des Friedens, der Harmonie und Heilung erneut willkommen, indem du es umarmst und langsam an dein Herz heranführst. Laß während dieser Zeit das Mantra in dir widerhallen. Nimm dir Zeit. Empfinde jeden Millimeter der Umarmung als ein Geschenk. Laß dich berühren.
- Schließe diese Übung ab, indem du in einer Geste des Gebens deine Arme langsam wieder öffnest. Gestatte der Energie, durch dich hindurch in die Welt zu fließen. Vielleicht möchtest du ja diesen Augenblick noch dafür nutzen, der sanften Reiki-Energie etwas Altes von dir anzuvertrauen, eine alte Last zum Beispiel. Dies ist ein guter Moment, sie loszulassen.
- Lege beide Hände auf dein Herz. Atme tief ein, laß den Atem sanft und ruhig wieder ausströmen und gestatte deinen Augen, sich wieder zu öffnen. Bleibe noch eine kurze Weile sitzen.
- Lege dich nun auf den Boden und gleiche deine Chakras aus. Lege dazu deine Hände auf Chakra 7 und 1, 6 und 2, 5 und 3. Laß das zweite und das erste Symbol aus deinen Händen fließen. Sprich bei jeder Position auch das Mantra für beide Symbole. Laß dir Zeit damit. Genieße das, was geschieht. Lege zum Abschluß beide Hände auf dein Herzchakra.
- Gestatte deinen Augen, sich zu öffnen, nimm einige tiefe Atemzüge und setze dich wieder auf. Frage dich jetzt: Wie fühle ich mich in diesem Moment?
- Schreibe wieder drei Worte auf.
- Versuche, an diesem Tag immer wieder Harmonie in dir entstehen und durch dich fließen zu lassen.
- Gib dir vor dem Schlafengehen wieder Reiki mit beiden Symbolen.

Der fünfte Tag

Im Mittelpunkt des heutigen Tages steht eine Reise durch die Chakras mit dem ersten Symbol.

- Spüre zunächst wieder nach Innen und frage dich: Wie fühle ich mich in diesem Moment?
- Schreibe drei Worte auf, die deine Gefühle beschreiben.

- Stelle dich nun in die Mitte des Zimmers, schließe die Augen und beobachte, wie dein Atem zur Ruhe kommt. Wenn du dich bereit fühlst, öffne die Augen wieder. Reinige nun, wie am gestrigen Tage, deinen Raum mit Hilfe der zwei Reiki-Symbole.
- Begib dich vor deinen Kraftplatz und lade ihn erneut auf, indem du das erste Symbol vor dich auf den Boden zeichnest. Tritt nach dem dreimaligen Sprechen des Mantras in den Kraftplatz hinein, in die Energie, die du schon an den vier vorangegangenen Tagen hier erfahren hast. Schließe die Augen, laß den Körper die entspannte Haltung finden, die er jetzt gerade bevorzugt, und beobachte für etwa eine Minute deinen Atem. Nimm wahr, was geschieht.
- Lege dich bequem auf deinen Rücken, die Arme liegen rechts und links auf der Unterlage. Strecke die Fersen deiner Füße vom Körper weg, halte einige Sekunden die Anspannung, und laß im Ausatmen los. Wiederhole dieses mit deinen Armen, indem du die Handballen vom Körper wegdrückst. Halte auch hier die Dehnung und laß sie im Ausatmen los. Schließe die Augen und spüre deinen Körper auf der Unterlage liegen.
- Wandere nun mit deiner Aufmerksamkeit für etwa drei Minuten in dein erstes Chakra, welches sich in der Mitte zwischen Anus und Genitalien nach unten öffnet. Visualisiere dort das erste Reiki-Symbol in einer *tiefroten* Farbe.

Nimm wahr. Falls du wahrnehmen solltest, daß sich das Symbol zu drehen beginnt, beobachte einfach, greife nicht ein, beschleunige nicht, schwäche nicht ab. Vertraue auf die Reiki-Kraft und auf die unendliche Weisheit allen Seins. Wollen Bilder in dir aufsteigen, Gefühle, Empfindungen, Gedanken, bewerte nicht, nimm sie einfach nur wahr.

- Richte nun deine Aufmerksamkeit für etwa drei Minuten auf dein zweites Chakra, welches sich in der Mitte des Unterbauches nach vorn und hinten öffnet. Visualisiere dort das erste Reiki-Symbol in einer *hellen orangenen* Farbe. Beobachte wieder, greife nicht ein, beschleunige nicht, schwäche nicht ab. Nimm wiederum die Bilder, Gefühle, Empfindungen, Gedanken, die vielleicht in dir aufsteigen, einfach nur wahr.
- Wandere nun mit deiner Aufmerksamkeit für etwa drei Minuten in dein drittes Chakra, welches sich in der Mitte zwischen Bauchnabel und Rippenbogen nach vorn und hinten öffnet. Visualisiere dort das erste Reiki-Symbol in einer *kräftigen gelben* Farbe. Beobachte einfach, greife nicht ein. Laß Bilder in dir aufsteigen, Gefühle, Empfindungen, Gedanken, aber bleibe nicht an ihnen hängen. Laß sie vorüberziehen.
- Gehe nun mit deiner Aufmerksamkeit in dein viertes Chakra, welches sich in der Mitte deiner Brust nach vorn und hinten öffnet. Visualisiere dort das Reiki-Symbol in einer *leuchtend grünen* Farbe. Falls du wahrnehmen solltest, daß sich das Symbol zu drehen beginnt, beobachte einfach, greife nicht ein, beschleunige nicht, schwäche nicht ab. Vertraue auf die heilende Reiki-Kraft in deinem Herzen.
- Jetzt richte deine Aufmerksamkeit für etwa drei Minuten auf dein fünftes Chakra, welches sich im Bereich deiner Kehle nach vorn und hinten öffnet. Visualisiere dort das

Symbol in einer *lichtblauen* Farbe. Beobachte einfach, greife nicht ein, beschleunige nicht, schwäche nicht ab. Falls ein Laut oder ein Ton in dir entstehen möchte, so laß ihn ruhig erklingen, unterdrücke ihn nicht.

♦ Richte nun deine Aufmerksamkeit auf dein sechstes Chakra, welches sich oberhalb der Nasenwurzel nach vorn und hinten öffnet. Visualisiere dort das Reiki-Symbol in einer *tiefblauen* Farbe. Beobachte wieder nur, greife nicht ein, beschleunige nicht, schwäche nicht ab. Vertraue einfach. Wollen Bilder in dir aufsteigen, nimm sie einfach nur wahr, ohne an ihnen festzuhalten.

♦ Wandere jetzt mit deiner Aufmerksamkeit für etwa drei Minuten in dein siebtes Chakra, welches sich auf der Mitte deines Kopfes nach oben öffnet. Will auch dort das Symbol erscheinen, vielleicht in einer dunkelvioletten oder weißen Farbe?

♦ Weite nun deine Wahrnehmung aus, so daß du alle sieben Chakras in ihren jeweiligen Farben gleichzeitig empfindest. Sollte dir das noch nicht gelingen, so gehe einfach alle Chakras von oben nach unten noch einmal durch, wobei du nicht länger als einen Atemzug bei jedem Chakra verweilen solltest.

♦ Schließe diese Chakraübung ab, indem du beide Hände auf dein Herzzentrum legst und dich dort zentrierst. Atme einige Male tief durch und öffne langsam die Augen. Bleibe noch eine kurze Weile liegen und spüre nach.

♦ Setze dich auf und frage dich: Wie fühle ich mich in diesem Moment?

♦ Schreibe wieder drei Worte auf.

♦ Werde dir an diesem Tag immer wieder deiner Chakras bewußt. Zentriere dich immer wieder in deinem Herzzentrum, indem du einfach dorthin spürst.

♦ Vor dem Schlafengehen behandle dich wieder selbst unter Verwendung der beiden ersten Reiki-Symbole. Denke auch daran, jeden Tag zumindest einige Worte in dein Tagebuch zu schreiben.

Der sechste Tag

Im Mittelpunkt des heutigen Tages steht eine Reise durch die Chakras mit dem zweiten Symbol.

- Spüre zunächst wieder nach Innen und frage dich: Wie fühle ich mich in diesem Moment?
- Schreibe drei Worte auf, die deine Gefühle beschreiben.

- Begib dich vor deinen Kraftplatz und lade ihn erneut auf, indem du das zweite und erste Symbol vor dich auf den Boden zeichnest. Tritt nach dem dreimaligen Sprechen der Mantras in den Kraftplatz hinein, in die Energie, die du schon an den fünf vorangegangenen Tagen hier erfahren hast. Schließe die Augen, laß den Körper die entspannte Haltung finden, die er jetzt gerade bevorzugt, und beobachte für etwa eine Minute deinen Atem. Danke innerlich, vielleicht sogar laut, dafür, daß es dich gibt, und dafür, daß die Reiki-Kraft dich berührt hat.
- Lege dich bequem auf deinen Rücken, die Arme liegen rechts und links auf der Unterlage. Strecke die Fersen deiner Füße vom Körper weg, halte einige Sekunden die Anspannung und laß im Ausatmen los. Wiederhole dieses mit deinen Armen, indem du die Handballen vom Körper wegdrückst. Halte auch hier die Dehnung und laß sie im Ausatmen los. Schließe die Augen und spüre deinen Körper auf der Unterlage liegen.
- Wandere nun mit deiner Aufmerksamkeit für etwa drei Minuten in dein erstes Chakra, welches sich in der Mitte zwischen Anus und Genitalien nach unten öffnet. Visualisiere dort das zweite Symbol und sprich innerlich dreimal sein Mantra. Energetisiere anschließend dieses Chakra mit dem ersten Symbol, das wie das zweite Symbol in einer *tiefroten* Farbe vor deinem inneren Auge erscheinen sollte.

Sprich wieder dreimal das zugehörige Mantra. Nimm wahr, ohne einzugreifen. Beschleunige nicht, schwäche nicht ab. Vertraue auf die Reiki-Kraft und auf die unendliche Weisheit allen Seins. Wollen Bilder in dir aufsteigen, Gefühle, Empfindungen, Gedanken, bewerte nicht, nimm sie einfach nur wahr.

♦ Richte nun deine Aufmerksamkeit für etwa drei Minuten auf dein zweites Chakra, welches sich in der Mitte des Unterbauches nach vorn und hinten öffnet. Visualisiere dort in gleicher Weise das zweite und erste Reiki-Symbol in einer *hellen orangenen* Farbe. Nimm die Bilder, Gefühle, Empfindungen, Gedanken, die vielleicht in dir aufsteigen, einfach nur wahr.

♦ Wandere nun mit deiner Aufmerksamkeit für etwa drei Minuten in dein drittes Chakra, welches sich in der Mitte zwischen Bauchnabel und Rippenbogen nach vorn und hinten öffnet. Visualisiere dort ebenfalls wieder das zweite und erste Reiki-Symbol in einer *kräftigen gelben* Farbe. Wenn Bilder in dir aufsteigen, Gefühle, Empfindungen, Gedanken, bleibe nicht an ihnen hängen, sondern laß sie einfach vorüberziehen.

♦ Gehe nun mit deiner Aufmerksamkeit in dein viertes Chakra in der Mitte deiner Brust. Visualisiere dort die Reiki-Symbole in einer *leuchtend grünen* Farbe. Falls du wahrnehmen solltest, daß sich das Symbol zu drehen beginnt, greife nicht ein. Vertraue auf die heilende Reiki-Kraft in deinem Herzen.

♦ Jetzt richte deine Aufmerksamkeit für etwa drei Minuten auf dein fünftes Chakra im Bereich deiner Kehle. Visualisiere dort die Symbole in einer *lichtblauen* Farbe. Will ein Laut oder ein Ton in dir entstehen, laß ihn ruhig erklingen, unterdrücke ihn nicht.

- Nach etwa drei Minuten richte deine Aufmerksamkeit auf dein sechstes Chakra oberhalb der Nasenwurzel. Visualisiere dort die Reiki-Symbole in einer *tiefblauen* Farbe. Beobachte wieder nur, greife nicht ein. Wollen wieder Bilder in dir aufsteigen, nimm sie einfach nur wahr, ohne an ihnen festzuhalten.
- Wandere nun mit deiner Aufmerksamkeit für etwa drei Minuten in dein siebtes Chakra, welches sich auf der Mitte deines Kopfes nach oben öffnet. *Laß an dieser Stelle all dein Tun, all deine Erwartungen los. Beobachte nur, was geschieht.*
- Weite nun deine Wahrnehmung aus, so daß du alle sieben Chakras in ihren jeweiligen Farben gleichzeitig empfindest. Sollte dir das noch nicht gelingen, so gehe einfach alle Chakras von oben nach unten noch einmal durch, wobei du aber nicht länger als einen Atemzug bei jedem Chakra verweilen solltest.
- Schließe diese Chakraübung ab, indem du beide Hände auf dein Herzzentrum legst und dich dort zentrierst. Atme einige Male tief durch und öffne langsam die Augen. Bleibe noch eine kurze Weile liegen und spüre nach.
- Setze dich auf und frage dich: Wie fühle ich mich in diesem Moment?
- Schreibe wieder drei Worte auf.

- Wenn du magst, behandle jetzt eine oder mehrere deiner Pflanzen mit Reiki. Male dazu das zweite und das erste Symbol auf die Pflanze, sprich innerlich die beiden Mantras. Stell dir nun diese Pflanze so vor, wie sie sich unter optimalen Bedingungen entwickeln könnte, wie sie aufblühen, wachsen würde. Visualisiere diesen absolut gesunden Zustand, zeichne vielleicht mit deinen Händen die Aura der gesunden Pflanze nach. Laß in deinem Herzen

Freude entstehen über das gesunde, aufblühende Wachstum. Gib deiner Pflanze zu verstehen, daß du dich über sie freust.

- Zentriere dich an diesem Tag immer wieder in deinem Herzen.
- Vor dem Schlafengehen behandle dich unter Verwendung der beiden ersten Reiki-Symbole. Denke wieder daran, jeden Tag zumindest einige Worte in dein Tagebuch zu schreiben.

Der siebte Tag

Im Mittelpunkt des heutigen Tages steht das Nicht-Tun.

- Du hast während der vergangenen sechs Tage neue Erfahrungen gemacht. Du hast an dir gearbeitet und dich so neu und tiefer erfahren. Du hast allen Grund, dich zu freuen. Tue es. Gönne dir heute einfach Zeit für dich. Nimm dir mindestens eine halbe Stunde Zeit und genieße einfach dein Leben, dein Dasein. Vielleicht möchtest du einen Spaziergang machen oder auch einfach nur aus dem Fenster schauen. Sei einfach gut zu dir.
- Verbringe diese Zeit bitte nicht mit fernsehen, telefonieren oder anderen Tätigkeiten, die dein Bewußtsein in der Außenwelt festhalten und dich von dir und deinen inneren Vorgängen ablenken. Sei für diese Zeit einfach faul.
- Vor dem Schlafengehen behandle dich wieder selbst unter Verwendung der beiden ersten Reiki-Symbole. Denke auch daran, einige Worte in dein Tagebuch zu schreiben.

Der achte Tag

Schwerpunkt dieses Übungstages ist die Begegnung mit dem dritten Reiki-Symbol und eine Übung zur Erdung.

»Ich nehme mir Zeit für mich und mein Leben.« Konntest du gestern das Nicht(s)tun genießen?

- ♦ Schließe einen Moment die Augen und notiere wie zu Beginn jeder Übung drei Worte, die deine augenblicklichen Gefühle beschreiben.
- ♦ Stelle dich entspannt vor deinen Kraftplatz und schließe die Augen. Laß deinen Atem ganz natürlich ein- und ausströmen, komme innerlich noch weiter zur Ruhe.
- ♦ Öffne die Augen und zeichne auf den Boden, dort, wo du sitzen wirst, das zweite Symbol. Sprich dazu das Mantra ruhig, kraftvoll und konzentriert. Lege dann das erste Symbol darüber und sprich das Mantra auf die gleiche Weise. Zeichne in den leeren Raum darüber das zweite und das erste Symbol, laß die Mantras noch einmal erklingen.
- ♦ Tritt nun in diese Symbole hinein und stelle dich damit auf und in deinen Kraftplatz. Schließe für eine Minute die Augen, lege beide Hände auf dein Herz und fühle nach Innen.
- ♦ Wenn du bereit bist, setz dich auf den Boden, auf ein Kissen oder einen Hocker. Gestatte deinem Körper, sich in einer möglichst aufrechten Haltung zu entspannen. Beobachte, wie sich dein Atem beruhigt.
- ♦ Zeichne das dritte Symbol in weiß leuchtenden Strichen mit deiner Handfläche vor dich in den Raum. Versuche dann, dieses Symbol vor deinem inneren Auge als Ganzes, als eine Einheit wahrzunehmen. Sage das Mantra des Symbols dreimal.
- ♦ Lege beide Hände auf dein Herzzentrum. Heiße nun dieses Symbol der Verbindung in Freude und Dankbarkeit will-

kommen. Nimm dir Zeit. Betrachte das Symbol vor dir im leeren Raum. Wenn es von selbst näher kommt oder in dich hineindringt, gestatte es, forciere es aber nicht. Verbleibe so für etwa fünf Minuten.

- Verabschiede dich von diesem Erleben, indem du in einer Geste des Gebens deine Arme langsam wieder öffnest. Atme tief ein, laß den Atem sanft und ruhig wieder ausströmen und gestatte deinen Augen, sich wieder zu öffnen. Bleibe noch eine kurze Weile sitzen, während deine Hände auf den Oberschenkeln ruhen.

Wenn du dich bereit fühlst, mache folgende Erdungsübung:

- Stehe auf, stelle die Füße schulterbreit parallel zueinander und atme einige Male tief in deinen Bauch. Zeichne mit deiner rechten Hand das erste Symbol in die Handfläche deiner linken Hand, sprich langsam, klar, deutlich und so bewußt wie möglich dreimal das Mantra. Spüre in die linke Handfläche hinein. Jetzt zeichne mit deiner linken Hand das erste Symbol in die Handfläche deiner rechten Hand, sprich wieder langsam, klar, deutlich und so bewußt wie möglich dreimal das Mantra. Spüre in die rechte Handfläche hinein.
- Richte jetzt im aufrechten Stand die Fingerspitzen beider Hände für einige Augenblicke auf deinen rechten Fuß. Zeichne dann mit einer Hand das erste Symbol. Sprich langsam und kraftvoll das Mantra dreimal. Spüre, wie du über deinen rechten Fuß mit der Erde verbunden bist.
- Wende dich nun deiner linken Körperseite zu und verfahre entsprechend. Fühle, wie du mit beiden Beinen fest auf der Erde stehst, wie die Erde dich trägt und unterstützt.
- Zeichne nun mit einer Hand das erste Symbol direkt auf dein Hara, den Punkt circa zwei Zentimeter unterhalb des Bauchnabels. Sprich dreimal das Mantra laut und deut-

lich. Lege beide Hände auf diesen Punkt und schließe die Augen. Genieße das Gefühl des Zentriertseins in deiner Mitte. Wenn du möchtest, so sprich zur Verstärkung laut: »Ich ruhe in mir.«

- Gestatte jetzt deinen Augen, sich zu öffnen, nimm einige tiefe Atemzüge und frage dich: Wie fühle ich mich in diesem Moment?
- Schreibe wieder drei Worte auf.

- Achte an diesem Tag ganz besonders auf alles, was Raum charakterisiert. Beobachte, wie Linien, Flächen, Räume und ihre Abstände untereinander und zu dir von deinem Verstand interpretiert werden, zueinander in Beziehung gesetzt werden, ein Gesamtbild ergeben.
- Gib dir vor dem Schlafengehen wieder Reiki mit den beiden ersten Symbolen.

Der neunte Tag

Schwerpunkt dieses Übungstages ist die Vertiefung der Begegnung mit dem dritten Reiki-Symbol.

- Schließe einen Moment die Augen und notiere wie zu Beginn jeder Übung drei Worte, die deine augenblicklichen Gefühle beschreiben.
- Tritt nun auf und in deinen Kraftplatz, lege beide Hände auf dein Herz, und fühle nach Innen.
- Wenn du bereit bist, setze dich. Gestatte deinem Körper, sich in einer möglichst aufrechten Haltung zu entspannen. Beobachte, wie sich dein Atem beruhigt.
- Lege deine Hände mit den Handflächen nach oben auf die Oberschenkel. Erinnere dich an deine Beobachtungen des letzten Tages: Linien, Formen, Flächen, Räume und Entfernungen. Zeichne nun das dritte Symbol in *weiß leuchtenden* Strichen in deiner Vorstellung mit deinem dritten Auge vor dich in den Raum. Versuche, dieses Symbol als Ganzes, als eine Einheit wahrzunehmen. Laß das Mantra des Symbols in dir erklingen.
- Heiße nun mit eigenen Worten innerlich oder auch laut dieses Symbol der Verbindung in Freude und Dankbarkeit willkommen. Betrachte das Symbol vor dir im leeren Raum. Wenn es von selbst näher kommt oder mit dir verschmelzen möchte, so gestatte es, forciere es aber nicht. Verbleibe so für etwa fünf Minuten.
- Verabschiede dich von diesem Erleben, indem du tief einatmest und deinen Augen gestattest, sich wieder zu öffnen. Bleibe noch eine kurze Weile sitzen, während deine Hände auf den Oberschenkeln ruhen.
- Wenn du dich bereit fühlst, steh auf, stell die Füße schulterbreit parallel zueinander und atme einige Male tief in deinen Bauch. Zeichne in beide Handflächen, auf deine

Füße und auf dein Hara das erste Symbol und sprich jeweils so bewußt wie möglich dreimal das Mantra. Leg beide Hände auf den Hara-Punkt und schließe die Augen. Genieße das Gefühl des Zentriertseins in deiner Mitte. Wenn du möchtest, so sprich zur Verstärkung laut: »Ich ruhe in mir«.

- Nimm einige tiefe Atemzüge und frage dich: Wie fühle ich mich in diesem Moment?
- Schreibe wieder drei Worte auf.

- Achte an diesem Tag ganz besonders auf alles, was für dich mit Zeit in Zusammenhang steht. Höre das Ticken der Uhren, beobachte deinen Herzschlag, die Rhythmen, von denen du umgeben bist. Nimm wahr, wann Zeit für dich schnell verstreicht, wann sie sich unendlich auszudehnen scheint. Wie lang ist der jetzige Augenblick?
- Gib dir vor dem Schlafengehen wieder Reiki mit den beiden ersten Symbolen. Vergiß auch nicht, Ereignisse, die dir wichtig sind, in dein Tagebuch zu schreiben.

Der zehnte Tag

Schwerpunkt dieses Übungstages ist die weitere Vertiefung der Begegnung mit dem dritten Reiki-Symbol.

- Schließe einen Moment die Augen und notiere wie zu Beginn jeder Übung drei Worte, die deine augenblicklichen Gefühle beschreiben.
- Tritt nun auf und in deinen Kraftplatz, lege beide Hände auf dein Herz, und fühle nach Innen.
- Wenn du bereit bist, setze dich. Gestatte deinem Körper, sich in einer möglichst aufrechten Haltung zu entspannen. Beobachte, wie sich dein Atem beruhigt.
- Lege deine Hände mit den Handflächen nach oben auf die Oberschenkel. Erinnere dich an deine Beobachtungen des letzten Tages: Was ist Zeit?
- Zeichne nun das dritte Symbol in *weiß leuchtenden* Strichen in deiner Vorstellung mit deinem dritten Auge vor dich in den Raum. Versuche, dieses Symbol als Ganzes, als eine Einheit wahrzunehmen. Laß das Mantra des Symbols in dir erklingen.
- Heiße nun mit eigenen Worten innerlich oder auch laut dieses Symbol der Verbindung in deinem Leben willkommen. Betrachte es für etwa zehn Minuten.
- Verabschiede dich, indem du tief einatmest und deinen Augen gestattest, sich wieder zu öffnen. Bleibe noch eine kurze Weile sitzen, während deine Hände auf den Oberschenkeln ruhen. Erde dich jetzt wie an den beiden vorangegangenen Tagen.
- Nimm anschließend einige tiefe Atemzüge und frage dich: Wie fühle ich mich in diesem Moment?
- Schreibe wieder drei Worte auf.

- Achte an diesem Tag ganz besonders auf alles, was für dich mit Bewegung, mit Veränderung in Zusammenhang steht. Wenn du zum Beispiel über die Straße gehst, bewegst du dich in einer bestimmten Zeit durch einen bestimmten Raum. Gibt es etwas, das sich dabei verändert? Gibt es etwas, das sich nicht verändert, das bei aller Veränderung, bei allem Fluß des Lebens unberührt bleibt? Kannst du auch eine innere Straße überqueren?
- Gib dir vor dem Schlafengehen wieder Reiki mit den beiden ersten Symbolen.

Der elfte Tag

Heute wenden wir das dritte Reiki-Symbol an, um uns mit dem Zeitpunkt unserer Geburt zu verbinden.

- Notiere jetzt drei Worte, die deine augenblicklichen Gefühle beschreiben.

- Jetzt bitte deinen Übungsraum um Hilfe. Stelle dir einfach vor, daß dein Übungsraum ein eigenes Wesen, ja, eine eigene Persönlichkeit hat, mit der du in Verbindung treten kannst. Dabei kommt es gar nicht darauf an, ob das wirklich so ist oder nicht. Laß einfach die Möglichkeit zu, probiere es aus.
- Zeichne dazu mit der Hand oder dem dritten Auge das dritte Reiki-Symbol, sage das Mantra dreimal, zeichne anschließend das erste Symbol und wiederhole dreimal dessen Mantra. Jetzt öffne dein Herz für das Wesen, den Geist deines Raumes. Sage dreimal »Raum, ich rufe dich« oder finde eigene Worte, die ähnliches meinen. Nun bitte deinen Raum mit den folgenden oder eigenen Worten aus deinem Herzen heraus um Unterstützung: »Raum, ich bitte dich, hilf mir. Laß alles, was in diesem Raum geschieht, zu meinem und dem Wohle aller Wesen sein.« Verweile so einen Augenblick, dann reibe die Handflächen aneinander, um die energetische Verbindung wieder zu trennen. Sei so gewiß, daß Hilfe und Unterstützung bereits unterwegs zu dir sind, daß du dich jetzt dafür bedankst.
- Tritt nun auf und in deinen Kraftplatz, lege beide Hände auf dein Herz, und fühle nach Innen. Wenn du bereit bist, setze dich. Gestatte deinem Körper, sich in einer möglichst aufrechten Haltung zu entspannen. Beobachte, wie sich dein Atem beruhigt.

- ♦ Sende jetzt Reiki hinein in den Zeitpunkt deiner Geburt. Öffne dir dafür Raum und Zeit mit dem dritten Symbol. Fixiere mit dem ersten Symbol. Stelle dir dreimal Ort und Zeitpunkt deiner Geburt vor. In diesen von dir festgelegten Raum-Zeit-Rahmen sende das Harmonie- und Heilungssymbol und zur Fixierung das erste Symbol. Indem du so die heilende Kraft des Reiki in deine Vergangenheit fließen läßt, löst du nach und nach die im Zusammenhang mit deiner Geburt unweigerlich aufgetretenen Härten und Ängste auf. Verweile so für etwa fünfzehn Minuten, während du einfach die Reiki-Kraft fließen spürst. Verabschiede dich von dieser Begegnung mit deiner eigenen Vergangenheit, indem du tief einatmest und deinen Augen gestattest, sich wieder zu öffnen. Bleibe noch eine kurze Weile sitzen, während deine Hände auf den Oberschenkeln ruhen.
- ♦ Nimm einig tiefe Atemzüge und frage dich: Wie fühle ich mich in diesem Moment?
- ♦ Schreibe wieder drei Worte auf.

- ♦ Achte an diesem Tag ganz besonders darauf, was Leben und Lebendigkeit für dich bedeuten. Achte auch darauf, ob sich dein Gefühl deinem Leben gegenüber vielleicht geändert hat.
- ♦ Gib dir vor dem Schlafengehen Reiki mit beiden Symbolen. Vergiß auch nicht, Ereignisse, die dir wichtig sind, in dein Tagebuch zu schreiben.

Der zwölfte Tag

Heute wenden wir das dritte Reiki-Symbol an, um uns mit unserem inneren Kind zu verbinden.

- Notiere jetzt drei Worte, die deine augenblicklichen Gefühle beschreiben.

- Wenn du magst, bitte wieder deinen Übungs-Raum um Mithilfe und Unterstützung.
- Dein Kraftplatz vermittelt dir Sicherheit und Geborgenheit. Er ist so etwas wie ein geschützter Raum für dich. Er ist aber auch ein Ort, an dem du die Zartheit und Intensität deiner Gefühle erleben kannst, an dem du mit dir selbst verletzlich und offen-stark sein darfst. Dein Kraftplatz ist auch der Ort, an dem du von dem Entschluß beseelt werden kannst, dir durch entschlossen-bewußtes Handeln die Energie zurückzuholen, die dir durch vergangene Unbewußtheit verlorenging. Komm zurück in deine Würde!
- Lade jetzt deinen persönlichen Kraftplatz weiter auf, wie du es schon einige Male im Verlauf der letzten Tage gemacht hast.
- Wenn du bereit bist, setze dich in deinen Kraftplatz. Gestatte deinem Körper, sich in einer möglichst aufrechten Haltung zu entspannen. Beobachte, wie sich dein Atem beruhigt.
- Schließe die Augen und bitte dein inneres Kind, sich dir zu zeigen. Vielleicht taucht das Bild eines kleinen Jungen oder eines kleinen Mädchens auf, ein Bild des Wesens, das du früher einmal warst und das du völlig vergessen hast über die Probleme und Aufgaben deines Erwachsenenlebens. Du kannst dir auch ein Foto aus deiner Kinderzeit zur Hilfe nehmen, wenn dein Vorstellungsvermögen noch nicht ausreicht. Dieser kleine Junge, dieses kleine Mädchen ist ein

Teil von dir, der sich vergessen vorkommt und sich vielleicht so fühlt, als wäre er von dir verstoßen worden.

- Verbinde dich mit Hilfe des dritten und ersten Symbols mit deinem inneren Kind.
- Schicke ihm jetzt Trost, Liebe und Heilung und höre, was es dir zu sagen hat. Bitte es innerlich um Verzeihung dafür, daß du es so oft nicht beachtet, es vielleicht sogar unterdrückt hast. Verzeihe auch dir selbst deine Unbewußtheit und Unfähigkeit. Nimm an, was in dir entsteht. Schritt für Schritt kann dein inneres Kind mit der Zeit wieder so in Erscheinung treten, wie es ist: spielerisch und kraftvoll, kreativ, spontan, liebevoll und hilfsbereit.
- Verweile so für etwa fünfzehn Minuten, während du einfach die Reiki-Kraft fließen spürst. Verabschiede dich dann von deinem inneren Kind. Vielleicht willst du ihm ja versprechen, dich künftig öfter mit ihm zu treffen ...
- Atme mehrmals tief ein und laß deinen Atem mit einem Seufzer einfach aus dir herausfließen. Gestatte deinen Augen, sich wieder zu öffnen. Bleibe noch eine kurze Weile sitzen, während deine Hände auf den Oberschenkeln ruhen.
- Nimm einige tiefe Atemzüge und frage dich: Wie fühle ich mich in diesem Moment?
- Schreibe wieder drei Worte auf.

- Achte an diesem Tag ganz besonders darauf, wann sich in dir und in den Menschen deiner Umgebung das innere Kind mit seiner authentischen Natürlichkeit zeigt.
- Anstelle der Ganzbehandlung wende heute Abend vor dem Schlafengehen den Chakraausgleich an.

Der dreizehnte Tag

Heute wenden wir das dritte Reiki-Symbol an, um uns mit unserem höheren Selbst zu verbinden.

- Notiere jetzt drei Worte, die deine augenblicklichen Gefühle beschreiben.

- Wenn du magst, bitte eine spirituelle Instanz um Mithilfe. Vielleicht fühlt du dich zum Beispiel Jesus so verbunden, daß du ihn um seinen Beistand bitten möchtest.
- Wenn du dich bereit fühlst, setze dich in deinen Kraftplatz. Gestatte deinem Körper, sich in einer möglichst aufrechten Haltung zu entspannen. Beobachte, wie sich dein Atem beruhigt.
- Schließe die Augen und bitte dein inneres Kind, für dich einen Kontakt zu deinem Höheren Selbst herzustellen. Verbinde dich – dein bewußtes Selbst – nun auch mit Hilfe des dritten und ersten Symbols mit deinem Höheren Selbst. Verzeihe dir deine Unbewußtheit und Unfähigkeit, seine meistens zarte, liebevolle leise Stimme nicht wahrgenommen, seine Hinweise nicht beachtet zu haben. Verweile so für etwa fünfzehn Minuten. Laß zu, daß du leer wirst, beobachte das Fließen der Reiki-Kraft und sei offen für die Eingebungen deines Höheren Selbstes.
- Verabschiede dich nun von deinem Höheren Selbst und von deinem inneren Kind. Vielleicht willst du ja versuchen, in Zukunft öfter deiner inneren Stimme zu folgen.
- Atme tief ein und laß deinen Atem mit einem Seufzer einfach aus dir herausfließen. Gestatte deinen Augen, sich wieder zu öffnen. Bleibe noch eine kurze Weile sitzen, während du ins Hier und Jetzt zurückkehrst.
- Nimm einige tiefe Atemzüge und frage dich: Wie fühle ich mich in diesem Moment?

- Schreibe wieder drei Worte auf.

- Achte an diesem Tag ganz besonders darauf, wann sich in dir deine innere Stimme meldet.
- Heute Abend gönne dir eine Selbstbehandlung, allerdings *ohne* Zuhilfenahme der Reiki-Symbole.

Der vierzehnte Tag

Du bist während der vergangenen dreizehn Tage durch tiefe innere Prozesse gegangen. Du hast es dir verdient, am heutigen Tage einfach einmal nichts zu tun. Nimm dir auch heute wieder mindestens eine halbe Stunde Zeit und genieße einfach das, wozu du wirklich Lust hast.

- Verbringe diese Zeit aber bitte nicht mit fernsehen, telefonieren oder anderen Tätigkeiten, die dein Bewußtsein in der Außenwelt festhalten und dich von dir und deinen inneren Vorgängen trennen. Sei für diese Zeit einfach faul, tue nichts.
- Vor dem Schlafengehen behandle dich aber auf jeden Fall wieder selbst. Denke auch daran, wenigstens einige Worte in dein Tagebuch zu schreiben.

Der fünfzehnte Tag

Heute steht die Technik des sogenannten *Geistheilens,* der *Mentalheilung* oder auch *Deprogrammierung* im Mittelpunkt, der wir eine intensive Übung zur Erdung voranstellen.

- Konntest du gestern die Zeit des Nicht(s)tuns mehr genießen als am siebten Tag?
- Stelle dich entspannt vor deinen Kraftplatz und schließe die Augen. Laß deinen Atem ganz natürlich ein- und ausströmen, komme innerlich noch weiter zur Ruhe.
- Öffne die Augen und zeichne vor dich auf den Boden wieder das zweite Symbol. Sprich dazu das Mantra ruhig, kraftvoll und konzentriert. Lege dann das erste Symbol darüber und sprich das Mantra auf die gleiche Weise. Zeichne in den leeren Raum darüber das zweite und das erste Symbol, laß die Mantras noch einmal erklingen.
- Tritt nun in deinen Kraftplatz, schließe für eine Minute die Augen, lege beide Hände auf dein Herz und fühle nach Innen.
- Wenn du dich bereit fühlst, mache folgende Erdungsübung: Stell die Füße schulterbreit parallel zueinander, die Arme hängen locker herunter, die Handinnenflächen sind zum Boden gerichtet. Visualisiere nun, daß aus den Hand- und Fußchakras und dem ersten Chakra (zwischen Anus und Genitalien) das erste Symbol herausfließt, und spüre, wie du dich über fünf rote Lichtsäulen mit der Erde verbindest. Nach einer kurzen Zeit (vielleicht fünfzehn Sekunden) lege beide Hände auf dein Hara und fühle, wie Mutter Erde dich trägt und unterstützt.
- Gestatte jetzt deinen Augen, sich zu öffnen, nimm einige tiefe Atemzüge und frage dich:
- Wie fühle ich mich in diesem Moment? Schreibe drei Worte auf.

- Jetzt setze dich entspannt und aufrecht in deinen Kraftplatz, die Hände ruhen auf den Oberschenkeln, die Handflächen sind nach oben gerichtet, die Augen geschlossen. Verbleibe so für eine Minute.
- Zeichne nun das erste Symbol auf deinen Hinterkopf, sage dreimal das Mantra und gib einige Minuten mit beiden Händen Reiki auf den Kopf. Visualisiere ein goldenes Licht, das durch dich hindurch vom Scheitel bis zur Sohle fließt und dunkle Stellen und Blockierungen auflöst.
- Leg eine Hand auf die Stirn und zeichne mit der anderen Hand auf die die Schädelbasis (Medulla oblongata), das zweite Symbol, wiederhole dreimal das Mantra, zeichne das erste Symbol, sprich dessen Mantra dreimal und lege anschließend die zeichnende Hand auf die Schädelbasis.
- Sage dreimal in Gedanken deinen Namen. (Stell dir vor, daß durch dich hindurch jetzt eine direkte Verbindung mit deinen tiefsten Ebenen besteht. Um dies gedanklich zu unterstützen, könntest du dir zum Beispiel sagen: »Ich habe den Schlüssel.«)
- Stelle dir weiterhin vor, daß goldenes Licht durch dich vom Scheitel bis zur Sohle hindurchfließt.
- Visualisiere dich in einem Zustand von Wohlergehen, was auch immer das für dich persönlich bedeuten mag (z. B. in strahlender Gesundheit, in einer glücklichen Beziehung, in einem erfolgreichen Berufsleben usw.). Halte dieses innere Bild so lange, wie es sich richtig anfühlt, jedoch für höchstens zehn Minuten. Spätestens dann, wenn du merkst, daß deine Gedanken abschweifen wollen, beende diese Übung, indem du sanft den Kontakt löst.
- Wasche dir anschließend die Hände, reibe sie aneinander, oder benutze eine andere dir bekannte Methode, den energetischen Kontakt zu unterbrechen. Löse dich dabei ganz bewußt von den gewünschten Ergebnissen dieser Mental-

behandlung und überlasse die weitere Entwicklung vertrauensvoll der Existenz.

- ♦ Notiere nun wieder drei Worte, die beschreiben, wie du dich jetzt fühlst. Verabschiede dich danach von deinem Kraftplatz.

- ♦ Achte an diesem Tag ganz besonders darauf, in welchen Situationen du dich besonders wohl fühlst oder wann du merkst, daß dir etwas gut tut.
- ♦ Gib dir vor dem Schlafengehen wieder Reiki mit den beiden ersten Symbolen.

Der sechzehnte Tag

Auch der heutige Tag steht im Zeichen der Mentalheilung.

- Stelle dich wieder entspannt vor deinen Kraftplatz und bedanke dich einmal für den Schutz und die Geborgenheit, die er dir vermittelt. Laß deinen Atem ganz natürlich ein- und ausströmen.
- Tritt nun in deinen Kraftplatz hinein, schließe für eine Minute die Augen, lege beide Hände auf dein Herz und fühle nach Innen.
- Wenn du dich bereit fühlst, erde dich wieder. Stelle die Füße schulterbreit parallel zueinander und laß die Arme locker herunterhängen, die Handinnenflächen sind zum Boden gerichtet. Visualisiere nun wieder das erste Symbol und die fünf roten Lichtsäulen, die dich mit der Erde verbinden. Lege anschließend beide Hände auf dein Hara und fühle, wie Mutter Erde dich trägt und unterstützt.
- Gestatte jetzt deinen Augen, sich zu öffnen, nimm einige tiefe Atemzüge und frage dich: Wie fühle ich mich in diesem Moment?
- Schreibe drei Worte auf.

- Jetzt setze dich entspannt und aufrecht in deinen Kraftplatz, die Hände ruhen auf den Oberschenkeln, die Handflächen sind nach oben gerichtet, die Augen geschlossen. Hebe nun deine Hände bis auf Brusthöhe und verbleibe so für eine Minute, während deine Handflächen zum Himmel weisen.
- Gib dir nun einige Minuten mit beiden Händen Reiki auf den Kopf; zugleich visualisiere ein goldenes Licht, das durch dich hindurch vom Scheitel bis zur Sohle fließt und dunkle Stellen und Blockierungen auflöst.

- ♦ Lege eine Hand auf die Stirn und zeichne mit der anderen Hand auf die Schädelbasis (Medulla oblongata) das zweite Symbol, wiederhole dreimal das Mantra, zeichne dann das erste Symbol, wiederhole dessen Mantra und lege die zeichnende Hand auf die Schädelbasis.
- ♦ Sage dreimal im stillen deinen Namen und unterstütze den Vorgang, indem du wieder das goldene Licht durch dich fließen läßt.
- ♦ Sprich jetzt innerlich (oder auch laut) die Bitte: »Diese Energie dient meinem höchsten Wohl und dem höchsten Wohl aller Wesen.«
- ♦ Visualisiere dich stets und so auch jetzt in einem Zustand von Wohlergehen. Halte dieses innere Bild für nicht mehr als zehn Minuten aufrecht. Wenn du merkst, daß deine Gedanken abschweifen wollen, beende diese Übung, indem du sanft den Kontakt löst.
- ♦ Unterbreche den energetischen Kontakt und laß ganz bewußt Erwartungen los. Überlaß den weiteren Heilungsverlauf vertrauensvoll der Existenz.
- ♦ Schreibe wieder drei Worte auf, die ausdrücken, wie du dich jetzt fühlst, und verabschiede dich anschließend von deinem Kraftplatz.

- ♦ Achte an diesem Tag ganz besonders darauf, welche Situationen dir besonders gut tun.
- ♦ Gib dir vor dem Schlafengehen wieder Reiki mit beiden Symbolen.

Der siebzehnte Tag

Auch der heutige Tag steht im Zeichen der Mentalheilung.

- Stelle dich noch einmal entspannt vor deinen Kraftplatz und bedanke dich für den Schutz und die Geborgenheit, die er dir vermittelt. Laß deinen Atem ganz natürlich ein- und ausströmen.
- Tritt nun in deinen Kraftplatz hinein, schließe für eine Minute die Augen, lege beide Hände auf dein Herz und fühle nach Innen. Wenn du dich bereit fühlst, erde dich wieder. Stell die Füße schulterbreit parallel zueinander und laß die Arme locker herunterhängen. Die Handinnenflächen sind zum Boden gerichtet. Visualisiere nun wieder das erste Symbol und die fünf roten Lichtsäulen, die dich mit der Erde verbinden. Leg anschließend beide Hände auf dein Hara und fühle, wie Mutter Erde dich trägt und unterstützt.
- Gestatte jetzt deinen Augen, sich zu öffnen, nimm einige tiefe Atemzüge und frage dich: Wie fühle ich mich in diesem Moment?
- Schreibe drei Worte auf.

- Jetzt setze dich entspannt und aufrecht in deinen Kraftplatz, die Hände ruhen auf den Oberschenkeln, die Handflächen sind nach oben gerichtet, die Augen geschlossen. Hebe nun deine Hände über den Kopf und verbleibe so für eine Minute, während deine Handflächen zum Himmel weisen.
- Gib dir jetzt einige Minuten mit beiden Händen Reiki auf den Kopf; visualisiere wieder das goldene Licht, das durch dich hindurchfließt und dunkle Stellen und Blockierungen auflöst.

- Laß das goldene Licht weiter durch dich fließen, während du die Mentalbehandlung, wie am sechzehnten Tag beschrieben, mit der inneren Bitte durchführst: *»Diese Energie diene meinem höchsten Wohl und dem höchsten Wohl aller Wesen.«*
- Visualisiere dich während der ganzen Zeit in einem Zustand von Wohlergehen. Löse nun sanft den Kontakt. Laß jetzt ganz bewußt alle Erwartungen los. Überlaß die weitere Entwicklung vertrauensvoll der Existenz.
- Notiere wieder drei Worte, die beschreiben, wie du dich jetzt fühlst, und verabschiede dich von deinem Kraftplatz.

- Achte an diesem Tag ganz besonders darauf, welche Situationen anderen Menschen besonders guttun.
- Gib dir vor dem Schlafengehen wieder Reiki.

Der achtzehnte Tag

Heute werden wir mit Reiki-Fernheilungen beginnen. Vorab sind uns aber noch einige grundsätzliche Bemerkungen zur Praxis der Fernbehandlung wichtig, die wir hier aus dem Buch »Das Herz des Reiki« zitieren:

»Wir sollten einer Person nur dann Reiki senden, wenn sie darum gebeten hat. Diese Erlaubnis oder Einladung kann auch direkt vom Höheren Selbst des Empfängers ausgehen, ohne daß das Bewußtsein davon etwas wissen muß. Wir können das erfahren, wenn wir still in uns hineinlauschen. Jeder, der mit Fernheilung arbeitet, prüfe aber sorgfältig, ob er wirklich eine Einladung erhalten hat. Es kommt vor, daß man aus falsch verstandenem Sendungsbewußtsein heraus jemand anderen bevormunden oder ohne seine Zustimmung in eine bestimmte Richtung drängen möchte. (Wir sind schließlich alle nur Menschen!) Man kann niemanden zu seinem Glück zwingen. Die Tatsache, daß immer der Empfänger bestimmt, ob und wieviel Universelle Lebensenergie er bekommt, verhindert schon von ganz allein, daß wir jemandem Reiki schicken können, ohne daß er es will. Andererseits dient die Beantwortung der Frage, ob ich das tun darf, was ich vielleicht gern tun möchte, der Weiterentwicklung unseres eigenen Bewußtseins. Darüber hinaus können wir so auch das Loslassen von den Erfolgen unserer Einflußnahme üben ... Überlaß wie bei jeder Behandlung mit Reiki die Ergebnisse deines Tuns vertrauensvoll der Existenz.«

♦ Suche dir aus dem Telefonbuch oder einer beliebigen Zeitschrift irgendeinen Namen heraus. Es ist wichtig, daß du die Person *nicht* persönlich kennst!

- ♦ Setze dich nun entspannt und aufrecht in deinen Kraftplatz, schließe für eine Minute die Augen, lege beide Hände auf dein Herz und fühle nach Innen. Gestatte jetzt deinen Augen, sich zu öffnen, nimm einige tiefe Atemzüge und frage dich: Wie fühle ich mich in diesem Moment?
- ♦ Schreibe drei Worte auf.

- ♦ Beginne nun mit der Fernbehandlung der von dir ausgewählten Person. Sei dir aber bewußt, daß die Reiki-Fernbehandlung weniger eine Frage der »richtigen« Technik ist, sondern vielmehr darauf beruht, daß sich dein Herz für den Empfänger öffnet. Wie so oft ist auch hier die Liebe der Schlüssel.
- ♦ Zeichne das dritte Reiki-Symbol, wiederhole dreimal dessen Mantra. Dann zeichne das erste Symbol und sprich auch dessen Mantra dreimal. Jetzt sage dreimal den Namen des Empfängers. So hast du jetzt den Kontakt auf einer energetischen Ebene hergestellt. Lege nun deine Hände mit den Handflächen nach oben auf deine Oberschenkel und lausche still in dich hinein, während du die Frage stellst, ob der Empfänger mit deiner Handlungsweise einverstanden ist. Sollten sich an dieser Stelle bei dir Zweifel einstellen, so brich den Vorgang sofort ab und wähle dir einen anderen Menschen aus. Wenn du ein klares *Ja* für eine Fernbehandlung spürst, so lege deine Handflächen vor deinem Herzen zusammen. Stell dir jetzt vor, daß die Person vor dir liegt und du sie Position für Position behandelst. Verweile bei jeder Position mindestens zwei Minuten. Wenn du möchtest, kannst du in deiner Vorstellung alle dir bekannten Symbol-Techniken mit Symbolen bei der Behandlung nutzen. Auch das Glattstreichen der Aura kann sinnvoll sein. Überlaß dich ansonsten dem gestaltenden Fluß der Universellen Lebensenergie. Spüre

aufmerksam in dich hinein, ob dich bestimmte Positionen besonders anziehen, oder ob bei anderen vielleicht nur ein kurzes mentales Berühren ausreicht. Gerade bei der Reiki-Fernbehandlung dieser dir unbekannten Person hast du die Gelegenheit, unbeeinflußt von eigenem Wollen und alten vorgefaßten Meinungen, deiner Intuition zu folgen.

♦ In diesem Sinne ist jede Reiki-Praxis ein Tun, das ohne Tun geschieht, jenseits von dir, von mir, von uns. Es ist ein Tun im Nicht-Tun. Das gilt auch für die Praxis des Fern-Reiki.

♦ Nachdem du alle Positionen deiner Fern-Reiki-Ganzbehandlung ausgeführt hast, unterbrich den energetischen Kontakt (z. B. durch Aneinanderreiben der Hände) und laß ganz bewußt Erwartungen los. Überlaß den Heilungsverlauf vertrauensvoll der Existenz.

♦ Notiere dann wieder drei Worte, die beschreiben, wie du dich im Augenblick fühlst. Verabschiede dich von deinem Kraftplatz.

♦ Nimm an diesem Tag bewußter als sonst deine Mitmenschen wahr. Gib dir vor dem Schlafengehen wieder Reiki.

Der neunzehnte Tag

Heute werden wir uns einer weiteren Fernbehandlung widmen.

- ♦ Erinnere dich an jemanden, der dir in deinem Leben Leid zugefügt oder dich verletzt hat. Verbringe mit der Auswahl dieser Person nicht zu viel Zeit, sondern laß den ersten zündenden Impuls bestimmend sein.
- ♦ Setze dich nun wieder entspannt und aufrecht in deinen Kraftplatz, schließe für eine Minute die Augen, lege beide Hände auf dein Herz und fühle nach Innen. Gestatte jetzt deinen Augen, sich zu öffnen, nimm einige tiefe Atemzüge und frage dich: Wie fühle ich mich in diesem Moment?
- ♦ Schreibe drei Worte auf.

- ♦ Die Reiki-Fernbehandlung ist weniger eine Frage der »richtigen« Technik, sondern eine Frage der Verbindung zweier Herzen. Du wirst dich heute über dein Herz mit jemandem verbinden, der dich verletzt hat. Das ist sicherlich eine der schwersten Übungen dieses Programms. Die Verletzung, die dir von dieser Person zugefügt wurde, hat in dir ihre Spuren hinterlassen. Sie sitzt dir sozusagen in den Knochen. Wenn du dir nur vom Kopf her, ohne Beteiligung von Herz und Bauch, innerlich sagst, daß du dieser Person verzeihst, so wird das weder für dich noch für die andere Person eine wesentliche Änderung bewirken, und möglicherweise könnte eine Verdrängung, eine Unterdrückung von authentischen, elementaren Gefühlen die Folge sein. Die Eindrücke, Muster und Strukturen, die die Verletzung in dir erzeugt haben, müssen geheilt und von dir genommen werden. Und hier kommen die natürliche Intelligenz und Heilungskraft des Reiki zum tragen.

- Werde dir zunächst darüber klar, ob du wirklich versuchen willst, dieser Person zu verzeihen, oder ob du lieber weiterhin Gefühle von Haß und Wut mit dir herumtragen möchtest. Es reicht aus, den Willen zu haben, zu vergeben, auch wenn du glaubst, daß es dir nicht möglich sein wird. Laß dich versuchsweise auf die folgende Übung ein. Vertrau auf die Intelligenz des Herzens, die Kraft der Liebe, und sei gewiß, daß da etwas ist, was dir helfen wird, zumindest einen Teil deiner negativen Gefühle loszulassen.
- Beginne nun mit der Fernbehandlung der von dir ausgewählten Person. Zeichne das dritte Reiki-Symbol, wiederhole dreimal dessen Mantra. Dann zeichne das erste Symbol und sprich auch dessen Mantra dreimal. Jetzt sage dreimal den Namen des Empfängers.
- Lege nun deine Hände mit den Handflächen nach oben auf deine Oberschenkel und lausche still in dich hinein, während du fragst, ob der Empfänger mit deiner Handlungsweise einverstanden ist. Wenn du ein Nein spürst, so akzeptiere es einfach. Gib dir anstelle des Fern-Reiki ohne zu zögern und ohne dir Vorwürfe zu machen eine Selbstbehandlung, allerdings bewußt, *ohne* dabei die Symbole anzuwenden.
- Wenn du ein klares *Ja* für eine Fernbehandlung spürst, so lege deine Handflächen vor deinem Herzen zusammen.
- Stell dir vor, die Person liegt vor dir. Streiche ihr zunächst die Aura aus. Dann hülle sie im Geiste in das zweite Reiki-Symbol ein, das du wie immer mit dem ersten Symbol energetisierst und fixierst. Überlaß alles weitere dem Fluß der Universellen Lebensenergie. Tue, ohne zu tun. Richte während dieser Zeit deine Aufmerksamkeit vor allem auf dich selbst und spüre deine Hände vor deinem Herzen. Verzeihe der Person und bitte sie um Verzeihung.

♦ Nach etwa zwanzig Minuten unterbrich den energetischen Kontakt (z. B. durch Ausschütteln oder Waschen der Hände) und laß ganz bewußt alle Erwartungen los. Überlaß alles vertrauensvoll der Existenz.
♦ Schreibe wieder drei Worte auf, die ausdrücken, wie du dich jetzt fühlst. Verabschiede dich anschließend von deinem Kraftplatz.

♦ Versuche an diesem Tag besonders bewußt wahrzunehmen, was mit dir, deinem Körper, deinem Geist geschieht, wenn jemand dich in deinen Gefühlen verletzt. Was macht es mit dir, wenn sich im Bäckerladen jemand vordrängelt?
♦ Schreibe auch heute wieder einige Zeilen in dein Tagebuch.

Der zwanzigste Tag

Heute verbinden wir uns mit Hilfe der Fern-Reiki-Technik mit einem Menschen, den wir sehr lieben.

- Begib dich in deinen Kraftplatz, schließe für eine Minute die Augen, lege beide Hände auf dein Herz und fühle nach Innen.
- Gestatte jetzt deinen Augen, sich zu öffnen, nimm einige tiefe Atemzüge und frage dich: Wie fühle ich mich in diesem Moment?
- Schreibe drei Worte auf.

- Beginne mit der Fernbehandlung, indem du zunächst die Verbindung durch Zeit und Raum herstellst. Lege nun deine Hände mit den Handflächen nach oben auf deine Oberschenkel und lausche still in dich hinein. Nachdem du das Einverständnis des anderen verspürst, lege deine Handflächen vor deinem Herzen zusammen. Stelle dir jetzt vor, daß die von dir geliebte Person vor dir liegt und du sie Position für Position mit Universeller Lebensenergie beschenken läßt. Überlaß dich dem Fließen der Reiki-Kraft. Spüre in dich hinein, ob dich bestimmte Positionen besonders anziehen. Laß dich leiten. Gib dich der Liebe hin.
- Nachdem du alle Positionen deiner Fern-Reiki-Ganzbehandlung ausgeführt hast, unterbrich den energetischen Kontakt auf sanfte Weise und laß ganz bewußt alle Erwartungen los.
- Notiere drei Worte, die beschreiben, wie du dich jetzt fühlst, und verabschiede dich danach von deinem Kraftplatz.

- Spüre an diesem Tag immer wieder in dein Herz hinein. Gib dir vor dem Schlafengehen wieder selbst Reiki.

Der einundzwanzigste Tag

Heute ist der letzte Tag deines Reiki-Programms. Es ist an der Zeit,die Eindrücke und Muster der vergangenen zwanzig Tage in einer Gesamtschau zu integrieren. Die folgende Vipassana-Meditationsübung ist hierfür besonders geeignet.

- Begib dich in deinen Kraftplatz, setze dich entspannt hin. Greife ein Haarbüschel an der höchsten Stelle deines Kopfes. Ziehe daran leicht nach oben, so daß sich deine Wirbelsäule gerade ausrichtet, der Hinterkopf wandert hoch. Ziehe dein Kinn leicht ein. Lege nun die Hände in deinem Schoß so ineinander, daß sie eine Schale bilden. Die Daumenspitzen sollten sich in der Weise berühren, daß Daumen und Handflächen ein O formen. Schaue nun mit entspannten Augen hinter deinen sanft geschlossenen Lidern auf deine Nasenwurzel. Die Zunge liegt flach am Gaumen.
- Nimm nun das Ein- und Ausströmen deines Atems an deiner Nasenspitze wahr. Nach einer kurzen Weile wandere mit deiner Aufmerksamkeit in deine Brust. Spüre, wie sie sich mit jedem Einatmen hebt, mit jedem Ausatmen senkt, und nimm die kurze Pause wahr, bevor der Impuls zum erneuten Einatmen in dir entsteht. Bleibe mit deiner Aufmerksamkeit bei deinem Atem. Nichts weiter ist nötig. Laß Gedanken und Gefühle vorüberziehen, sie sind im Moment unwichtig. Du kannst dich später mit ihnen beschäftigen, sie zu Ende denken.
- Beende die Meditation nach dreißig Minuten. Nimm einige tiefe Atemzüge und strecke deinen Körper.

Nachwort zum Übungsprogramm für den 2. Reiki-Grad

Du bist jetzt am Ende des Übungsprogramms für den 2. Reiki-Grad angelangt. Vielleicht möchtest du dich innerlich noch einmal dafür bedanken, daß die Reiki-Kraft in dein Leben getreten ist und dir diese Erfahrungen ermöglicht hat. Wir wünschen dir viel Glück und Segen auf deinem weiteren Weg.

Was du im Verlauf der letzten drei Wochen erfahren hast, ist ein Fundament, auf das du aufbauen kannst. Auch in Zukunft wirst du ganz sicher immer wieder Zeit für Reiki haben.

Ergänzende Fragen, die du dir jetzt noch selbst stellen und möglichst schriftlich beantworten solltest, sind:

- Was ist das Wichtigste, was ich über mich erfahren habe?
- Gestatte ich mir wirklich, mit Hilfe der Reiki-Kraft ein »neuer Mensch« zu werden?
- Bin ich wirklich bereit, Eigenverantwortung für mich und mein Leben zu übernehmen?
- Laß ich mich leicht von meinem Weg ablenken, und wenn ja, wodurch?
- Was möchte ich fortsetzen, vertiefen oder weiterentwickeln?
- Was war im Übungsprogramm nicht enthalten, und wie kann ich das praktizieren?

Was auch immer du hier für dich notierst, zweifle nicht an dir und vergleiche dich nicht mit anderen. Jeder Mensch ist einzigartig.

Es ist nicht wichtig, ob du die Symbole siehst, ob ein Chakra zu glühen scheint oder ob du es nicht direkt spürst. Wichtig ist, dein Vertrauen in die Kraft der Universellen Lebensenergie aus eigener Erfahrung wachsen zu lassen und deine dir mit der Einweihung in den 2. Grad verliehenen Mittel immer wieder zum Wohle aller zu nutzen.

Der 3. Reiki-Grad

Die Reiki-Schulen, die sich in der Zeit nach Dr. Usui entwickelt haben, nehmen zum Teil unterschiedliche Gradeinteilungen vor. Wir meinen mit dem 3. Reiki-Grad die energetische Übertragung des sogenannten *Meistersymbols Dai Komio,* nicht die Einweihung zum Reiki-Lehrer.

Aus dem Nicht-Tun oder absichtsvollen Zulassen im 1. Grad wird über das mehr oder weniger absichtsvolle Tun im 2. Grad jetzt auf einer höheren Ebene der Entwicklungsspirale wieder Nicht-Tun, absichtsloses Zulassen. Der Kreis des Reiki schließt sich in der Weise, daß das Zeichnen des Meistersymbols und unsere Bereitschaft, in diese Energie hineinzugehen, uns wieder dahin führen, wo wir angefangen haben – zum einfachen Auflegen der Hände. Wenn wir uns vor jeder Reiki-Anwendung in die Schwingungsebene des Dai Komio begeben, können wir leichter persönliche Zielvorstellungen, Wünsche und Begrenzungen loslassen, die wir oft noch in die Praxis des Reiki mitgebracht haben, und uns insofern wirklich einer inneren, höheren Führung anvertrauen.

Durch die Praxis des 3. Grades verlassen wir die uns vertrautere Ebene des »Handelns vom Kopf her«. Es entwickelt sich ein Handeln durch Nicht-Tun, ein Handeln durch Geschehenlassen, durch Nichteingreifen. Es entwickelt sich das Vertrauen, das Steuer des Lebens jener Macht zu überlassen, die eine Dimension von uns selbst ist, die Laotse einst »Tao« genannt hat und die die Christen »Gott« nennen.

Um Mißverständnissen vorzubeugen: Nicht-Tun bedeutet nicht, lethargisch den Dingen ihren Lauf zu lassen und sich auf die faule Haut zu legen. Es bedeutet vielmehr, daß wir unser Tun an unserer inneren Autorität, unserer inneren Führung ausrichten. Das beinhaltet, nicht zu bewerten, nicht zu analysieren, sondern im Hier und Jetzt unmittelbar zu agieren und zu reagieren. Diese Worte können allerdings nur sehr unvollkommen beschreiben, worum es wirklich geht. Was ein Leben und Handeln im »Tao des Reiki« für dich bedeutet, kannst du nur selbst herausfinden. Die folgende Übung zur Praxis des 3. Reiki-Grades kann dir den Weg dahin öffnen. Damit diese Übung tiefe Erkenntnisvorgänge in dir auslösen kann, solltest du auf jeden Fall die Programme für den 1. und 2. Grad vollständig ausgeführt und dir auch die nötige Zeit gegeben haben, alles zu verarbeiten.

Setze dich so hin, daß dein Rücken gerade ist. Richte deinen Hinterkopf auf und ziehe dein Kinn leicht in Richtung deiner Brust. Lege deine Hände aufeinander in den Schoß, dabei liegt die linke Hand so in der rechten, daß sich die Daumenspitzen leicht berühren. Daumen und Zeigefinger bilden ein O. Löse deine Schultern. Pendle leicht hin und her und vor und zurück, bis du die Stellung gefunden hast, in der sich dein Körper im Gleichgewicht befindet. Nun schließe die Augen, atme tief ein und laß deinen Atem wieder ausströmen. Von nun an bewege dich bis zum Ende dieser Meditation nicht mehr.
Laß das Meistersymbol vor deinem inneren Auge vor dir im Raum aufleuchten. Vielleicht hilft dir dabei die Vorstellung einer weiß erstrahlenden Leuchtstoffröhre. Laß dabei das Mantra des Symbols stumm in dir erklingen. Wenn deine Gedanken abschweifen wollen oder du bemerkst, daß du

dich in Bildern verlieren willst, kehre einfach zum Dai Komio zurück.
Verbleibe so für fünfundzwanzig Minuten.
Schließe diese Übung ab, indem du beide Hände auf dein Herzzentrum legst und dich dort zentrierst. Atme einige Male tief durch und öffne langsam die Augen.

Diese Dai-Komio-Meditation solltest du während der nächsten einundzwanzig Tage täglich ausführen. Wichtig ist es auch hier, keinen Tag auszulassen. Vielleicht magst du ja noch einmal das Kapitel »Einige Schlüssel zur Arbeit mit den Programmen« lesen, um mit den wahrscheinlich in Erscheinung tretenden Widerständen und Hemmnissen leichter umgehen zu können.

Auch in deinem Alltag solltest du dich immer wieder in die Energie des Dai Komio versetzen, besonders aber dann, wenn du dich oder andere mit Reiki behandelst.

Wie sag ich's meinem Partner?

Die positiven Auswirkungen der Reiki-Praxis sind umfangreich beschrieben worden. Woran es aber bisher weitestgehend mangelt, das ist die Erörterung der Frage, auf welche Weise die allernächsten Mitmenschen der Reiki-Praktizierenden, also die Familienangehörigen und (Lebens-)Partner, auf die durch die Reiki-Kraft initiierten Veränderungen reagieren und wie der Praktizierende mit diesen Reaktionen umgehen kann.

Wenn die Partner, unsere Lieben in unserer Nähe, ebenso freudig wie wir die Segnungen der Reiki-Kraft begrüßen, genießen und verarbeiten, dann ist alles unproblematisch. Das ist auch so, wenn sie der Sache zumindest tolerant gegenüberstehen. Aber wie soll sich der Reiki-Praktizierende verhalten, wenn dies nicht so ist?

Reiki gibt einen Anstoß, etwas zu verändern. Das haben Tausende sofort bzw. sehr bald nach der ersten Begegnung mit Reiki erfahren. Für viele Reiki-Schüler, besonders für Frauen, die eher als Männer zum Einlenken und zum Sich-selbst-Zurücknehmen neigen, kann die wachsende Klarheit regelrecht zu konsequentem Handeln zwingen. Wie ist das zu erklären? Ungute Gefühle in unbefriedigenden Partnerschaften werden oft so lange verdrängt, bis sie durch einen starken auslösenden Impuls von außen hervorbrechen. Die Reiki-Einweihung ist so ein Auslöser, die anschließende Praxis stabilisiert die deutlich gewordene, die nötige Entscheidung, etwas zu unternehmen. Die Praxis kann auch den Entschluß bestärken, sich unguten Situationen entschlossen zu entziehen. Man muß dazu allerdings bereit sein, selbstverantwortlich eine Wende einzuleiten.

Die Reiki-Schülerinnen, die mit einem in Bezug auf Reiki noch intoleranten Partner zusammen sind, tun allerdings gut daran, nicht auf das sofortige Wirken des Resonanzprinzips zu hoffen, das besagt, daß wir nur noch Liebe und Zuneigung anziehen, sobald wir uns vom Strom der Universellen Lebensenergie durchdrungen und verändert fühlen. Eine Reiki-Einweihung ändert zunächst nichts daran, daß wir weiterhin blind unseren alten Mustern und Strukturen folgen, genausowenig wie sie unsere konkrete Lebenssituation, unsere Einbindung in gesellschaftliche und partnerschaftliche Strukturen unmittelbar beeinflußt. Jede Änderung, jede Auflösung dieser Strukturen braucht ihre Zeit.

Kirti P. Michel weist in seinem Buch »Der schweifende Blick« darauf hin, »daß das delikate Gleichgewicht oder die Harmonie der Bewußtseinsenergien zweier Menschen in einer Beziehung sehr leicht gestört werden kann, wenn sich ein Partner plötzlich in eine neue, unbekannte Richtung orientieren will«. Und er sagt weiter: »Dann versucht der eine aus dem Instinkt für die Gefahr einer sich anbahnenden Distanzierung heraus den anderen zu bremsen.« Wenn also zu bemerken ist, daß der der Reiki-Kraft gegenüber unaufgeschlossene Partner beginnt, mißtrauisch und verunsichert unsere Schritte im Reiki-Prozeß zu beäugen, ja, unsere Bemühungen vielleicht sogar zu sabotieren versucht, dann ist der Zeitpunkt für klärende Gespräche, für Offenlegung alter Differenzen und vor allem aber auch für eine vielleicht noch nie dagewesene Chance einer Renaissance der Beziehung auf einer neuen Ebene gekommen.

Ablehnung der Reiki-Kraft seitens des Partners hat ihren Ursprung also im allgemeinen in dessen Angst davor, daß wir uns von ihm entfernen könnten. Diese Angst können wir unserem Partner nur nehmen, indem wir offen über sie sprechen, und vor allem dadurch, daß wir von uns aus immer wieder auf ihn zugehen und ihm unsere Liebe zeigen. Dabei ist es gar nicht notwendig, über Reiki zu sprechen. Es mag für eine gewisse Zeit sogar durchaus sinnvoll sein, dieses Thema überhaupt nicht anzuschneiden. Sendungsbewußtsein, also der innere Drang, unseren Partner unbedingt sofort vom Wert der Reiki-Praxis überzeugen zu wollen, ist hier fehl am Platz. Wir sollten uns aber durch negative Reaktionen und Vorurteile nicht von unseren Selbstbehandlungen abhalten lassen. Schließlich kommt es auch unserem Partner zugute, wenn wir uns im Laufe der Zeit besser fühlen, wenn wir kraftvoller und liebevoller werden.

Wenn wir unseren Weg nicht auf Unterschiedlichkeit und Trennendes ausrichten, sondern auf das Verbindende des Augenblicks, auf die Chance zu neuer, tieferer Gemeinsamkeit, dann ist auch hier wieder ein neuer Funke der Reiki-Kraft übergesprungen und ein neuer Same gesät, der vielleicht schon sehr bald bisher brachliegende Kräfte zum Blühen bringt.

In der Natur der Reiki-Kraft liegt es, wachstumsfördernde Liebesbeziehungen entstehen zu lassen bzw. zu unterstützen, so wie sie generell den Reiki-Schülern konstruktive Veränderungen des eigenen Lebens aufzeigen möchte. Es ist kein Geheimnis, daß ein Großteil der Frauen, obwohl intellektuell aufgeklärt und emanzipiert, spirituell in Aufbruchstimmung und voll kreativen Tatendrangs, noch immer unter einem negativen Selbstwertgefühl leidet. Viel zu viele Menschen neigen noch immer dazu, sich mit den Theorien von anderen vollzustopfen und sind noch immer unter Mißachtung ihrer eigenen Bedürfnisse bereit, den Erwartungen anderer, und das sind meistens die Ehe-/Lebenspartner, gerecht zu werden.

Eine durch die Reiki-Selbstbehandlung und durch das regelmäßige In-die-Stille-Gehen ausgelöste Veränderung des Bewußtseins, der Selbst- und Fremdwahrnehmung beinhaltet auch, nicht mehr nur der Energie des Mannes im Sinne einer archaisch anmutenden antrainierten Unterordnung zu folgen, sondern mehr der eigenen Energie, dem eigenen Antrieb, vor allem der eigenen Intuition. Erst durch die Entwicklung innerer Werte und Fähigkeiten können wir zu wirklichen Partnern heranreifen.

Auf diese hier skizzierte Weise werden viele der im Aufbruch zu sich selbst hin, zur Selbstbestimmung, befindlichen Frauen zur natürlichen Kraft ihrer Weiblichkeit und zur Selbstachtung finden können.

Denn gerade hinsichtlich unbefriedigender und nur noch behindernder Beziehungen gilt ganz klar dies: Wir kommen nicht umhin, alte und behindernde Verstrickungen zu verändern, wenn wir uns von Altem befreien wollen. Ganz sicher bringt jeder Schritt auf dem neuen Weg nach eventueller anfänglicher Unsicherheit neue Selbstsicherheit, und die Universelle Lebensenergie Reiki hüllt alles ein.

Je mehr wir uns von den Fixierungen auf unsere Partner freimachen können, desto freier und besser fühlen wir uns auch, desto näher kommen wir auch unserem eigenen inneren Wesenskern. Je besser wir uns selbst kennenlernen, desto besser werden wir auch unseren Partner verstehen lernen. Eine Fixierung bewirkt zwangsläufig Probleme. Die Reiki-Kraft kann uns auch die Erfahrung vermitteln, eine archetypische Vereinigung von Frau und Mann in uns selbst zu erleben, wenn Geben und Nehmen sich ergänzen. Die Angst der Geschlechter voreinander kann so mit Hilfe der Reiki-Kraft in die Chance zu einer neuen Begegnung zwischen Frauen und Männern umgewandelt werden. Bezüglich alter Beziehungen gilt auch diese Erkenntnis: Je toleranter wir anderen, gerade also auch unseren Partnern gegenüber sein können, desto näher kommen wir auch auf diesem Wege unserer eigenen Wahrheit und damit auch unserer Bewußtheit, die uns befreit, und das trotz aller Schwierigkeiten und Ängste.

Aufmerksamen Beobachtern wird bekannt sein, daß Frauen die Dinge des Lebens, besonders die handfesten Problembereiche, anders zu bewältigen pflegen, als Männer es gewöhnlich tun. Wir haben in unserer jahrelangen Praxis in der begleitenden Beobachtung besonders der Reiki-Schülerinnen die Erkenntnis gewinnen können, daß Frauen durch die Reiki-Praxis leichter in Kontakt kommen mit der ihnen eigenen weiblichen Urkraft. Ein Effekt davon ist unter anderem auch, daß sie Problemsituationen mit einer gelasseneren und unproblematischeren Natürlichkeit zu bewältigen verstehen.

Wenn wir uns selbst aus dem oft so unausweichlich erscheinenden Kampf entlassen wollen, als Frau oder als Mann nicht gut genug zu sein, sollten wir unser Hauptaugenmerk darauf richten, unsere Sinne auszuprägen und mit der im Reiki-Prozeß gewonnenen Bewußtheit die Eindrücke unserer Sinne tiefer wahrzunehmen. Das ist ein altbewährter Ansatz aus der Lehre des Tantra, um neben der gewissermaßen rein menschlichen Vervollkommnung auch in unser Frausein bzw. in unser Mannsein eintauchen zu können. So ist die Chance größer als sonst, Begegnungen voller Sympathie zu erleben.

Das wiederum gibt uns Mut, unsere Herzenswünsche ehrlicher zuzulassen, uns den Herausforderungen in unserem Leben freudiger zu stellen und uns schließlich auf die in uns lebenden und nach Verwirklichung drängenden Visionen mit mehr Klarheit und Bestimmtheit einzulassen.

Mit dieser Haltung können wir herausfinden, was wir voneinander wollen, wo wir uns helfen und unterstützen können und wo wir Abgrenzung brauchen.

Der Reiki-Prozeß gibt uns, wenn wir unser Augenmerk darauf legen, auch die Gelegenheit, unsere Vorstellungen über das andere Geschlecht zu überprüfen. Reiki eröffnet uns darüber hinaus mit seiner kraftvollen Energie der Klarheit und Liebe die Gelegenheit, Beziehungen auf einer qualitativ hohen Ebene zu erleben – auf einem Niveau, nach dem wir uns alle insgeheim mehr als nach allem anderen sehnen.

Die Bedeutung der Berührung

Fast jedem von uns erscheint es völlig normal, daß wir uns entschuldigen, wenn wir im Einkaufsgetümmel im Kaufhaus mit einem fremden Menschen zusammenstoßen. Selbst eine kleinere Berührung im vollen Autobus entlockt uns eine gefaselte Floskel. Was zurückbleibt ist dabei meist ein Gefühl des Unbehagens.

Wir kennen alle diese oft nur nebenbei ablaufenden Filme im Fernsehen über das soziale Verhalten der Schimpansen im Zoo und der Orang Utans in Freiheit und Berichte über irgendwelche übriggebliebenen Naturvölker, die wir zusammenhocken sehen, z. B. auf Papua-Neuguinea in ihren Männerhäusern und so weiter und so weiter.

Der »moderne, westlich entwickelte Mensch« belächelt gern urzeitlich anmutendes Gebaren, sehnt sich aber gleichzeitig nach Nähe und Berührung und der damit verbundenen Entspannung mehr als nach allem anderen, wie es die immer weiter steigenden Teilnehmerzahlen an entsprechenden Workshops belegen.

Auch wir kennen es aus langjähriger Erfahrung: Alle Teilnehmer finden die Gruppe gut, wenn man sich möglichst viel gegenseitig anfassen kann, wenn viel Berührung stattfindet, wenn unkomplizierte körperliche Nähe entscheidend zum Gelingen der jeweiligen Veranstaltung beiträgt.

Berührungen sind noch immer (oder leider schon wieder?) eine ambivalente Angelegenheit. Die meisten Menschen haben ein starkes Verlangen nach Berührung, gleichzeitig sind aber die allermeisten mit Hemmungen belastet, dieser menschlichen Sehnsucht nachzugeben, diesen Drang zu befriedigen.

Berührung – das Anfassen, Umarmen, Streicheln, Liebkosen bis hin zum sexuellen Erregen eines anderen Körpers – ist uns Menschen mitgegeben als tragender Überlebenspfeiler wie Essen, Trinken, Atmen, Schlafen. Wir, die wir uns so gebildet dünken, sind in Wahrheit dem natürlichen Leben so entfremdet, so »im Kopf«, daß wir das dem Menschen ursprünglich mitgegebene Gespür für die Bedeutung des Auslebens natürlicher Lust, also auch der Lust an der Berührung, oft nur noch auf dem Weg über geregelten Konsum zu befriedigen wissen. (Wem das hier zu scharf formuliert scheint, der möge einmal zur Saturday-Night-Fever-Stunde durch die Diskotheken einer unserer Großstädte, die ja auch Vorreiter der gesellschaftlichen Entwicklung im ganzen sind, ziehen – der Hunger nach Berührung in den Augen der Menschen beiderlei Geschlechts ist offensichtlich.)

Viele Menschen denken gar nicht darüber nach, ob sie in ausreichendem Maße in den Genuß angenehmer Berührungen kommen oder diese anderen geben. Viele Menschen wagen sich erst mit diesem Thema auseinanderzusetzen, wenn sie mit Reiki in Kontakt kommen. Allzu viele Menschen in unseren westlichen Ländern erleben in ihrer Vereinsamung die Berührung durch einen anderen Menschen oft nur noch durch den Arzt und die Krankenschwester.

Dabei ist eigentlich alles so einfach: Schon Michelangelo wußte, welch magische, ja welch göttliche Bedeutung die Berührung hat. Auch im Laufe der nach ihm folgenden Jahrhunderte dürften die Generationen vor uns erkannt haben, daß Berührung Kommunikation ist und daß beides lebenswichtig ist für die Gesundheit des Menschen.

Die Wissenschaft erkennt nun zunehmend, welche Bedeutung z. B. das Massieren hinsichtlich der Verbesserung des psychischen Zustands von Patienten hat. Das gilt im Rahmen der Reiki-Praxis für die Anwendung der Reiki-Kraft ebenso.

Berührung an sich ist so etwas wie eine gemeinsame Sprache, mit deren Hilfe wir uns aufmuntern, beleben und trösten können. Es ist in der heutigen streßgeplagten Zeit sehr wichtig, danach zu trachten, das innere Gleichgewicht herzustellen und wieder in den Körper zurückzukehren; Körperkontakt stärkt die Selbstachtung und gibt den Menschen Selbstvertrauen.

Wer sich aber von seinem Körper entfremdet und sich und ihn nicht als eine Ganzheit erlebt und als eine solche annimmt, der wird auch Schwierigkeiten haben, die eigene seelische Ganzheit zu erfühlen.

Genau hier setzt Reiki an – von der allerersten Selbstbehandlung, von der ersten Stunde an, in der die Hände durch die Grundpositionen wandern und dem Reiki-Schüler damit die Gelegenheit eröffnet wird, möglicherweise nach vielen Jahren wieder den so natürlich beglückenden Kontakt zum eigenen Körper, zum eigenen Dasein, zur eigenen Seele zu fühlen.

Allein durch die bewußte Berührung der eigenen Haut (auch durch die Kleidung hindurch wirkt Reiki, wie wir in unserem ersten Buch betonten) empfinden wir Wärme und Gegenwärtigkeit, was schon soviel Geborgenheit ausmachen kann, daß sich alte Beengtheiten in uns lockern. Wenn sich alte Blockaden auflösen und die gebundenen Kräfte frei werden, können wir mit unseren geöffneten Sinnen die Geschenke der Reiki-Kraft empfinden.

Eines der ersten Geschenke ist die Erkenntnis, durch die Praxis des Reiki wieder mit unserem Körper und damit auch mit unserem Innern in Kontakt gekommen zu sein. Intensiver Körperkontakt lindert nicht nur Streß und Angst, sondern erinnert uns auch daran, daß wir unseren Körper als ein Geschenk von unschätzbarem Wert zu respektieren haben, daß wir ihn als Teil unserer Ganzheit achten und lieben sollen und daß wir auch lernen sollen, ihn als den Spiegel unserer Seele zu verstehen.

Wir berühren unseren eigenen Körper in einer Atmosphäre von Ruhe und Geborgenheit und erleben durch seine Berührung, wie er festgehaltene Emotionen und Spannungen der Vergangenheit losläßt. Wenn wir die Herzenergie Reiki durch unsere eigenen Hände in unseren eigenen Körper fließen lassen und dem ganzen Vorgang von Anfang an gelassen freudig zusehen, dann erleben wir unsere Reiki-Praxis als eine unbeschreiblich wertvolle Methode, um Körper, Geist und Seele in der Tiefe zu erreichen und heilen zu lassen.

Wir selbst können dabei nichts tun, als zuzusehen! Wenn wir auf diese Weise erleben, was diese Kosmische Kraft für uns »trotz uns« bewirkt, dann gibt uns das Mut zum Leben, zum Weitermachen – und letztlich auch ein Gefühl dafür, daß wir alle als ein Teil dieses großen Universums tatsächlich eingewoben sind in die großen Abläufe, die sich wohltuend und heilend in uns einzelnen Menschen abspielen.

Wieviel leichter kann es uns fallen, dieses Eintauchen in den Moment der stillen Berührung zu erleben, wieviel leichter kann uns die Hingabe an das Geschenk des Empfangens und des Gebens fallen, wenn wir uns in der Reiki-Austauschsitzung mit einem vertrauten Menschen, gar mit unserem Partner, mit dem Menschen wiederfinden, mit dem wir in Liebe verbunden sind!

Die Berührung hilft uns, gesund zu werden bzw. gesund zu bleiben, denn Berührung bedeutet Kontakt zu dem, was uns umgibt. Berührung hat keine negativen Nebenwirkungen, aktiviert aber die Selbstheilungskräfte des Körpers, allein schon durch die Wärme, die Bestätigung, den Trost. Reiki kann auch als eine Art »Gesundmacher« bezeichnet werden, denn das Immunsystem wird gestärkt, wodurch auch schweren Krankheiten vorgebeugt wird, wie wir in unserem Kapitel über das Immunsystem in unserem zweiten Buch ausführten. Reiki ist eine Herzenergie – wir sprachen in unserem ersten Buch darüber. Sie wird in gewissen Fällen heilen können, wenn der Mensch offen ist und wenn es so sein darf.

Was jeder Reiki-Schüler durch die Einweihung in den 1. Reiki-Grad erlebt hat, das ist das seelische Berührtsein. Wohl niemand verläßt das Reiki-Seminar mit seiner Urkunde über den 1. Grad in der Hand und sagt, daß er rein gar nichts empfunden hat. Sei der Mensch auch noch so verblockt – eine Öffnung passiert immer, ein seelisches Angerührtsein bleibt nicht aus. Angeregt durch dieses Einweihungserlebnis erfahren die Reiki-Schüler, daß körperliche Berührung – wie sie in der Reiki-Einweihung durch den Reiki-Lehrer geschieht – auch eine seelische Anrührung mit sich bringt. Diese wird immer wieder ausgelöst durch den Körperkontakt zu einem anderen Menschen – sei es, daß wir der »Reiki-Kanal« oder der »Reiki-Empfänger« sind.

Berührung ist in jedem Fall eine wichtige Grundlage psychischer Gesundheit, die für die Selbstannahme, für die Selbstakzeptanz sehr wichtig ist. Demgegenüber erleben wir es immer wieder in den großen Städten in unserem Land, dieses sich von vornherein und prophylaktisch gegenseitig beargwöhnend beobachtende Verhalten, bei dem jeder darauf bedacht ist, bloß nicht und auf gar keinen Fall mit einem anderen Menschen einen Körperkontakt haben zu müssen. Dabei wird wohl niemand bestreiten, daß unbeabsichtigte Berührungen keinesfalls als unangenehm erlebt werden müssen, und daß darüber hinaus eine liebevolle Berührung bis hin zu ausgetauschten Streicheleinheiten sehr guttut.

Und klar ist auch dies: Je mehr wir uns gegenseitig Nähe durch Berührung erlauben, je mehr wir Nähe geben und zulassen, ja, desto weniger Aggressionen werden wir alle im Umgang miteinander auszuhalten haben. Das ist gerade auch in Bezug auf das Wohl der Kinder von Bedeutung, denn die Familie als kleinste gesellschaftliche Einheit ist leider das Hauptschlachtfeld zwischenmenschlicher Aggressionen, wie wissenschaftliche Studien und Berichte in den Medien immer mehr offenlegen.

Zum Schluß unserer kurzen Ausführungen über die Bedeutung der Berührung wollen wir noch einige Bemerkungen machen zu einem Bereich, der bisher in der Reiki-Literatur, zumindest unseres Wissen, ausgeklammert wurde. Es geht um das durch die Reiki-Kraft intensivierte erotische Erleben.

So hat uns im Laufe der Zeit eine größere Anzahl von Reiki-Schülerinnen berichtet, daß sich ihr sinnliches Empfinden im allgemeinen und besonders bezüglich des erotischen Berührens und Berührtwerdens im Verlaufe der Reiki-Praxis immer mehr verfeinert hat.

Unserer Beobachtung nach werden viele Frauen durch die Reiki-Kraft feinfühliger. Sie werden, wenn sie es sich selbst gestatten, im erotisch-sexuellen Bereich aber auch zunehmend anspruchsvoller, was eine enorme Herausforderung an die männlichen Partner bedeuten kann. Hier sind wohl auch heute noch viele Männer aufgerufen, im Rahmen menschlicher Emanzipation und Bewußtwerdungsprozesse ihre Nachzüglerposition aufzugeben.

Wir möchten hier in diesem Kapitel über die Bedeutung der Berührung, die ja auch sinnlich-erotisches Erleben einschließt, alle Frauen ermuntern, ihrerseits ihre Partner, ihre Männer zu ermutigen, in den Reiki-Prozeß mit ihnen gemeinsam einzusteigen, denn die durch die Reiki-Kraft intensivierte Berührung ist gesteigertes Lusterleben, ist Freude.

Frauen werden auch hier durch ihre vorgelebte neue Lockerheit, durch ihre neue intensivierte Lust an der Erotik, die allgemeine Lebensfreude auslöst, ein Vorbild sein müssen, gerade auch einmal wieder in einem so natürlichen Bereich, wie die menschliche Berührung es ist oder sein sollte.

Berühren heißt in der Reiki-Praxis Entspannung, Loslassen, leichter werden, Kraftzuwachs und Freude bis hin zu wohliger Erregung bei sich nahestehenden Partnern. Wir als Männer wissen nur zu genau, wie groß in Wahrheit der Wunsch in der männlichen Psyche ist, sinnlich-erotisch-sexuelle Erlebnisse nicht nur als flüchtige Augenblicksbefriedigung zu erleben, sondern, in gewissem Sinne der weiblichen Veranlagung folgend, jedes Erlebnis voll liebevoller Nähe als ein Geschenk von anhaltendem, von motivierendem Erinnerungswert zu erfahren.

Wir wollen auch alle Alleinlebenden beiderlei Geschlechts und gleich welchen Alters ermutigen, im Strom der Reiki-Kraft befreiende und belebende Erfahrungen zu machen und damit alte Komplexe zu überwinden und alte Begrenzungen zu sprengen!

Wie wunderbar ist es, von seinem Partner oder seiner Partnerin gesagt zu bekommen, daß sich eine Berührung nicht nur auf die körperliche Ebene beschränkt, sondern daß ein ganzheitliches Angerührtsein Befriedigung und Freude hervorbringt. Berührungen voller Zuneigung, Zärtlichkeit und Nähe, voller Vertrauen und Geborgenheit vermitteln Liebe. Das ist eigentlich ein ganz normaler Vorgang, bekannt seit Jahrhunderten, in den Zeiten streßgeplagter Hochleistungsmenschen in zivilisierten Industrienationen aber alles andere als die Norm.

Schon in der simplen Berührung, die ja ein elementarer Bestandteil der Reiki-Praxis ist, kann also nicht nur für jeden einzelnen etwas Heilsames, sondern auch ein ganz wichtiger

Beitrag zur entspannteren Umgehensweise in unserer Gesellschaft, in unserem Alltag gesehen werden.

Gerade in der heutigen westlichen Welt ist die Bedeutung der Berührung nicht hoch genug einzuschätzen. Reiki ist ein Weg, der uns wieder zum natürlichen Berühren und Berührenlassen hinführt.

Einige Worte zum Schluß

Jeder Schüler, gleich welcher Richtung, muß seinen eigenen Weg gehen. Umwege und der Aufenthalt in Fallgruben dienen dem Lernen.

Eine Anfangseuphorie auf dem Weg ist meistens sehr hilfreich. Oft mündet sie aber in eine andauernde Hervorhebung der äußeren Persönlichkeit.

Wir möchten daher alle Reiki-Praktizierenden ermutigen, lieber etwas weniger als zuviel zu machen, lieber etwas ruhiger zu leben als zu überdreht durch die Szene zu flippen, lieber weniger zu sprechen und dafür mehr im Stillen zu handeln, lieber als »weniger« zu erscheinen und dafür um so mehr zu sein.

Die eigenen Beine auf dem Boden des Lebens und aller Tatsachen zu spüren heißt auch, sich selbst nicht so wichtig zu nehmen. Das ist dann auch der Punkt der Reise zu uns selbst, an dem wir das Lachen als die beste Medizin neu entdecken können.

Was bleibt, nachdem wir wieder einmal gut über uns und die Welt gelacht haben?

P. S.: Wir sind sehr an deinen Erfahrungen mit Reiki interessiert. Wenn du Lust hast, schreib deine Erlebnisse auf und schick sie uns zu.

Literatur

Achterberg, Jeanne: Rituale der Heilung. Die Macht von Phantasiebildern im Gesundungsprozeß. München 1996
Akong, Rinpoche: Den Tiger zähmen. Anleitung zur Selbstheilung aus der Weisheit Tibets. Berlin 1993
Balsekar, Ramesh. S.: Erleuchtende Briefe. Freiburg 1994
Balsekar, Ramesh S. Erleuchtende Gespräche. Freiburg l994
Blaszok Beate / von Rohr, Wulfing: Die Reiki Praxis. Handbuch zur Energie- und Bewußtseinsarbeit. Berlin 1996
Blaszok, Beate: Reiki fürs Leben. München 1994
Bock, Eleonore: Die Mystik in den Religionen der Welt. München 1993
Chriscom, Chris: Der Quell des Lebens. München 1995
Distel, Wolfgang / Wellmann Wolfgang: Dai Komo – Das Herz des Reiki. München 1995
Distel, Wolfgang, Wellmann, Wolfgang: Der Geist des Reiki. München 1995
Dowlong, Colette: Der Cinderella-Komplex. Die heimliche Angst der Frauen vor der Unabhängigkeit. Frankfurt 1984
Dürkheim, Karlfried Graf: Der Alltag als Übung. Bern 1991
Dürkheim, Karlfried Graf: Von der Erfahrung der Transzendenz. Freiburg 1993
Hay, Louise L.: Gesundheit für Körper und Seele. München 1994
Janov, Artur: Der Urschrei. Frankfurt 1975
Keen, Sam: Es lohnt sich nur der Weg nach innen. Bergisch Gladbach 1993
King, Serge Kahili: Der Stadt-Schamane. Freiburg 1995
Klein, Nikolas: Glück und Selbstverwirklichung im Horoskop. München 1994
Lowen, Alexander: Liebe, Sex und dein Herz. Hamburg 1988
Lowen, Alexander: Liebe und Orgasmus. München 1987
Lowen, Alexander: Lust – der Weg zu kreativen Leben. München 1979

Maharshi, Ramana: Gespräche des Weisen vom Berge Arunachala. Interlaken 1989
Matthiessen, Peter: Am Fluß des neunköpfigen Drachen. Begegnungen und Erfahrungen auf dem Weg des Zen. Hamburg 1990
Michel, Kirti P.: Der schweifende Blick. MA 1995
Mondel, Peter: Esogetik – Sinn und Unsinn von Krankheit und Schmerz. Bruchsal 1994
Muhlford, Prentice: Unfug des Lebens und des Sterbens. Frankfurt 1977
Osho Raineesh: Auf Wasser geschrieben. Köln o.J.
Osho Raineesh: Das Herz-Sutra. Köln o.J.
Osho Raineesh: freedom. Das Zen-Manifest. Freiheit von sich selbst. Köln o.J.
Osho Raineesh: Jenseits von Psychologie. Köln o.J.
Osho Raineesh: Leben, Lieben, Lachen. Köln 1996
Osho Raineesh: Tantra – die höchste Einsicht Köln, o.J.
Pedersen, Loren E.: Das Weibliche im Mann. Die Psychologie des Mannes. Bern 1992
Perls, Frederick S.: Das Ich, der Hunger und die Aggression. München 1989
Ponder, Catherine: Die Heilungsgeheimnisse der Jahrhunderte. München 1992
Rajmond, Dr. und Moody, A.: Leben nach dem Tod. Hamburg 1993
Schellenbaum, Peter: Das Nein in der Liebe. Abgrenzung und Hingabe in der erotischen Beziehung. München 1986
Schellenbaum, Peter: Nimm deine Couch und geh! Heilung mit Spontanritualen. München 1994
Scherer, Karl: Atem als Tor: Grundlegende Texte zum intuitiven Atmen. Freiamt 1992
Weber, Jörg: Die Erde ist nicht untertan. Grundrechte der Natur. München 1996
Wu Yu-Tang: TSU – Die erotische Reflexionsmassage. München o.J.
Yogananda, Paramahansa: Wissenschaftliche Heilmeditationen. München 1990